JN099296

2019 年改訂指導要録対応
シリーズ 学びを変える新しい学習評価

理論・実践編 ❸
評価と授業をつなぐ
手法と実践

［編集代表］
田中耕治

ぎょうせい

シリーズ刊行にあたって

　2017年3月の学習指導要領改訂を受け、2019年1月に「児童生徒の学習評価の在り方について（報告）」が公表され、3月に「小学校、中学校、高等学校及び特別支援学校等における児童生徒の学習評価及び指導要録の改善等について（通知）」が発出されました。

　今回の新しい学習評価の考え方や新指導要録の通知においては、新学習指導要領が求める「資質・能力」の育成、「主体的・対話的で深い学び」、各教科等の目標や「見方・考え方」など、実践を行うにあたって深い理解を必要とするキー・テーマが内蔵されており、まさにこれらの深い理解が、これからの授業づくりや評価活動にとって、必要不可欠な条件となっています。

　そこで、本企画では、これらのキー・テーマに関する、気鋭の研究者と実践家を総結集して、「学びを変える新しい学習評価」に向けての総合的な理解を図り、具体的な実践の手立てを提供することを目指そうとするものです。本シリーズの5巻は以下のように構成しました。

理論・実践編1　**資質・能力の育成と新しい学習評価**　➡[新しい学習評価がわかる・深く学べる巻]
理論・実践編2　**各教科等の学びと新しい学習評価**　➡[各教科・領域の指導と評価を創る巻]
理論・実践編3　**評価と授業をつなぐ手法と実践**　➡[評価を実践する巻]
文例編　**新しい学びに向けた新指導要録・通知表〈小学校〉**　➡[評価を伝える・記録する巻]
文例編　**新しい学びに向けた新指導要録・通知表〈中学校〉**　➡[評価を伝える・記録する巻]

　読者は、関心のある巻から、また興味を惹く章から読み始めていただければ、新しい学習評価を踏まえた豊かな授業づくりのヒントをたくさん得ることができるでしょう。

　最後になりましたが、ご多用、ご多忙な中で、執筆を快くお引き受けいただき、玉稿をお寄せいただきました執筆者の皆様に、心から御礼申し上げます。また、「評価の時代」にふさわしく、全5巻のシリーズ本を企画していただきました株式会社「ぎょうせい」様と、編集担当の萩原和夫様、西條美津紀様、今井司様に、この場を借りて深く感謝申し上げます。

シリーズ編集代表
田 中 耕 治（佛教大学教授、京都大学名誉教授）

目　次

第4章	評価の観点を活かす単元設計

第5章	評価の観点を活かす指導案づくり

第6章	形成的評価から形成的アセスメントへ

第9章 | 思考力の育成を目指す「子どもが問題を作る」授業

第1章

「主体的・対話的で深い学び」を
深く読み解く

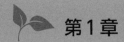

「主体的・対話的で深い学び」を 深く読み解く

石井英真

資質・能力の育成とアクティブ・ラーニングが 提起していること

　世界的に展開するコンピテンシー・ベースのカリキュラム改革を背景に、新学習指導要領では、「資質・能力」の育成や「主体的・対話的で深い学び」、いわゆるアクティブ・ラーニング（AL）が強調されている。

　資質・能力ベースやALの強調については、教科内容の学び深めにつながらない、態度主義や活動主義に陥ることが危惧される。資質・能力の重視は、汎用的スキルを直接的に指導し評価することと捉えられがちであり、また、ALについても、主体的・協働的であることのみを追求する傾向が見られる。

　しかし、そもそも資質・能力重視の背景にある、「コンピテンシー」概念は、職業上の実力や人生における成功を予測する能力を明らかにするものである。コンピテンシー・ベースのカリキュラムを目指すということは、社会が求める「実力」との関係で、学校で育てるべき「学力」の中身を問い直すことを意味するのであって、汎用的スキルの指導と必ずしも同義ではない。むしろ、目の前の子どもたちが学校外での生活や未来社会をよりよく生きていくこととつながっているのかという観点から、既存の各教科の内容や活動の在り方を見直していくことが大切だろう。特に中学校や高校については、18歳選挙権が認められた今、市民としての自立につながるような各教科の教育になっているかどうか、教科外活動も含めて「一人前」（責任を引き受け自分の頭で考える）を育てる教育になっているかどうかを問うていくことが重要であろう。

　また、ALのような学習者主体の授業の重視も、伝達されるべき絶対的真理としての知識ではなく、主体間の対話を通して構成・共有されるものとしての知識という、知識観・学習観の転換が背景にあるのであって、対象世界との認知的学びと無関係な主体的・協働的な学びを強調するものではそもそもない。学習活動は何らかの形で対象世界・他者・自己の三つの軸での対話を含んでいる。ALの三つの視点も、学習活動の３軸構造に対応す

るもの（対象世界との深い学び、他者との対話的・協働的な学び、自己を見つめる主体的な学び）として捉えることができる。

　このように、自己や他者と向かい合うだけでなく、対象世界と向き合うことも忘れてはならないというメッセージが、「主体的・対話的で深い学び」という順序に表れている。ところが、よくよく考えてみると、グループで頭を突き合わせて対話しているような、真に主体的・協働的な学びが成立しているとき、子どもたちの視線の先にあるのは、教師でも他のクラスメートでもなく、学ぶ対象である教材ではないだろうか。ALをめぐっては、学習者中心か教師中心か、教師が教えるか教えることを控えて学習者に任せるかといった二項対立図式で議論されがちである。しかし、授業という営みは、教師と子ども、子どもと子どもの一般的なコミュニケーションではなく、教材を介した教師と子どもたちとのコミュニケーションである点に特徴がある。この授業におけるコミュニケーションの本質を踏まえるなら、子どもたちがまなざしを共有しつつ教材と深く対話し、教科の世界に没入していく学び（その瞬間自ずと教師は子どもたちの視野や意識から消えたような状況になっている）が実現できているかを第一に吟味すべきだろう。教科学習としてのクオリティを追求することとアクティブ・ラーニングは対立的に捉えられがちであるが、教科本来の魅力の追求の先に結果としてアクティブになるのである。

2　日本の教師たちが追究してきた創造的な一斉授業の発展的継承

　授業の形式化を回避し、現場の自律的で地に足のついた授業改善につなげていく上で、日本の教師たちが追究してきた創造的な一斉授業の蓄積に目を向ける必要がある。すなわち、「練り上げ型授業」（クラス全体での意見交流に止まらず、教師の発問によって触発されたりゆさぶられたりしながら、子どもたちが互いの考えをつなぎ、一人では到達し得ない高みへと思考を深めていく）を通じて、主体的・協働的かつ豊かに内容を学び深め、「わかる」ことを保障し、それにより「生きて働く学力」を育てるというわけである。そして、資質・能力やALの根底にある「子どもたちがよりよく生きていくことにつながる学びになっているか」「子どもたちが教材と深く対話する学びになっているか」といった授業づくりの不易に触れる問いかけは、そうした日本の理想の授業像を批判的・発展的に継承していく上での問題提起や一種の「ゆさぶり」と受け止めることができる。

（1）「わかる」授業の問い直しと学力の3層構造の意識化

　教科の学力の質的レベルは、表1の3層で捉えられる。個別の知識・技能の習得状況を

表1 教科の学力・学習の3層構造と資質・能力の要素

学力・学習活動の階層レベル（カリキュラムの構造）		資質・能力の要素（目標の柱）			
		知識	スキル		情意（関心・意欲・態度・人格特性）
			認知的スキル	社会的スキル	
教科の枠づけの中での学習	知識の獲得と定着（知っている・できる）	事実的知識、技能（個別的スキル）	記憶と再生、機械的実行と自動化	学び合い、知識の共同構築	達成による自己効力感
	知識の意味理解と洗練（わかる）	概念的知識、方略（複合的プロセス）	解釈、関連付け、構造化、比較・分類、帰納的・演繹的推論		内容の価値に即した内発的動機、教科への関心・意欲
	知識の有意味な使用と創造（使える）	見方・考え方（原理、方法論）を軸とした領域固有の知識の複合体	知的問題解決、意思決定、仮説的推論を含む証明・実験・調査、知やモノの創発、美的表現（批判的思考や創造的思考が関わる）	プロジェクトベースの対話（コミュニケーション）と協働	活動の社会的レリバンスに即した内発的動機、教科観・教科学習観（知的性向・態度・思考の習慣）

出典：石井英真『今求められる学力と学びとは』日本標準、2015年から一部抜粋。

問う「知っている・できる」レベルの課題（例：穴埋め問題で「母集団」「標本平均」等の用語を答える）が解けるからといって、概念の意味理解を問う「わかる」レベルの課題（例：「ある食品会社で製造したお菓子の品質」等の調査場面が示され、全数調査と標本調査のどちらが適当かを判断しその理由を答える）が解けるとは限らない。さらに、「わかる」レベルの課題が解けるからといって、実生活・実社会の文脈での知識・技能の総合的な活用力を問う「使える」レベルの課題（例：広島市の軽自動車台数を推定する調査計画を立てる）が解けるとは限らない。そして、社会の変化の中で学校教育に求められるようになってきているのは、「使える」レベルの学力の育成と「真正の学習（authentic learning）」（学校外や将来の生活で遭遇する本物の、あるいは本物のエッセンスを保持した活動）の保障なのである。

　従来の日本の教科学習で考える力の育成という場合、基本的な概念を発見的に豊かに学ばせ、そのプロセスで、知識の意味理解を促す「わかる」レベルの思考（解釈、関連付けなど）も育てるというものであった（問題解決型授業）。ここで、ブルーム（B. S. Bloom）の目標分類学において、問題解決という場合に、「適用（application）」（特定の解法を適用すればうまく解決できる課題）と「総合（synthesis）」（論文を書いたり、企画書をまとめたりと、これを使えばうまくいくという明確な解法のない課題に対して、手持ちの知識・技能を総動員して取り組まねばらない課題）の二つのレベルに分けられていることが示唆的である。「わかる」授業を大切にする従来の日本で応用問題という場合は「適用」問題が主流だったと言える。しかし、よりよく生きることにつながる「使える」レベルの学力を育てるに

は、折に触れて、「総合」問題に取り組ませることが必要である。

　多くの場合、単元や授業の導入部分で生活場面が用いられても、そこからひとたび科学的概念への抽象化（「わたり」）がなされたら、あとは抽象的な教科の世界の中だけで学習が進みがちで、もとの生活場面に「もどる」ことはまれである。さらに、単元や授業の終末部分では、問題演習など機械的で無味乾燥な学習が展開されがちである（「尻すぼみの構造」）。すると、単元の導入で豊かな学びが展開されても、結局は問題が機械的に解けることが大事なのだと学習者は捉えるようになる。

　これに対し、よりリアルで複合的な生活に概念を埋め戻す「総合」問題を単元に盛り込むことは、「末広がりの構造」へと単元構成を組み替えることを意味する。学習の集大成として単元末や学期の節目に「使える」レベルの課題を設定する。そして、それに学習者が独力でうまく取り組めるために何を学習しなければならないかを教師も子どもも意識しながら、日々の授業では、むしろシンプルな課題を豊かに深く追求する「わかる」授業を組織する。こうして「もどり」の機会があることで、子どもたちの生活は知的で豊かになり、概念として学ばれた科学的知識は、現実を読み解く眼鏡（物事の見方）として学び直されるのである。

　例えば国語科であれば、PISAが提起したように、「テキストを目的として読む」のみならず、「テキストを手段として考える」活動（例：複数の意見文を読み比べてそれに対する自分の主張をまとめる）を保障することで、学校外や未来の言語活動を豊かにする学びとなっていくのである。一方で、社会と結び付けることを実用主義とイコールと捉えてしまうと、よいプレゼンの仕方について議論するといった職業準備的な国語教育に陥りかねない。4技能を総合するような活動（「使える」レベル）は、それに取り組むことでテキストのより深い読み（「わかる」レベル）が促されるような、ことばに関わる文化的な活動であることを忘れてはならない。「使える」レベルのみを重視するということではなく、これまで「わかる」までの2層に視野が限定されがちであった教科の学力観を、3層で考えるよう拡張することが重要なのであり、「使える」レベルの思考の機会を盛り込むことで、わかり直しや読み深めが生じるような、さらに豊かな「わかる」授業が展開されることが重要なのである。

（2）練り上げ型授業の問い直しと知識構築学習

　「子どもたちが教材と深く対話する学びになっているか」という点について、練り上げ型の創造的な一斉授業は課題を抱えている。もともと学級全体での練り上げ型授業は、一部の子どもたちの意見で進む授業となりがちである。かつては教師のアート（卓越した指導技術）と強いつながりのある学級集団により、クラス全体で考えているという意識をもって、発言のない子どもたちも少なからず議論に関与し内面において思考が成立してい

た。しかし、近年、練り上げ型授業を支えてきた土台が崩れてきている。

　教員の世代交代が進む中、背中から学び技を盗む文化も衰退し、知や技の伝承が難しくなっている。また、価値観やライフスタイルの多様化、SNSをはじめ、メディア革命に伴うコミュニケーション環境の変化によって、子どもたちの思考や集中のスパンは短くなっているし、コミュニケーションやつながりも局所化・ソフト化・流動化してきており、強いつながりで結ばれた学級集団を創るのが困難になってきている。クラス全体の凝集性を求める強い集団よりも、気の合う者同士の小さいグループの方が居場所感覚を持てるし、強いつながりの中で堅い議論をするのではなく、ゆるい関係性で行われるカフェ的な対話の方が納得や学んだ手応えを得られる。そうした「弱いつながり」をベースにしたコミュニティ感覚を子どもたちは持っており、学習者主体の授業が強調される本質的背景はそこにある。教師のアート（直接的な指導性）から、学習のシステムやしかけのデザイン（間接的な指導性）へ、そして、学級全体での練り上げから、グループ単位でなされる創発的なコミュニケーションへと、授業づくりの力点を相対的にシフトしていく必要性が高まっているのである。

　こうして学習者主体の創発的コミュニケーションを重視していくことは、日々の授業での学びを知識発見学習から知識構築学習へと転換していくことにつながる。練り上げ型授業は、教師に導かれながら正解に収束していく知識発見学習になりがちであった。だが、現代社会においては、「正解のない問題」に対して最適解を創る力を育てることが課題となっており、そうした力は実際にそれを他者と創る経験（知識構築学習）なしには育たない。ゆえに、知識構築学習を目指す上では、知識や最適解を自分たちで構築するプロセスとしての議論や実験や調査を学習者自身が遂行していく力を育成する視点や、そのプロセス自体の質や本質性を問う視点が重要となる。

　多くの授業において「発見」は、教師が教材研究で解釈した結果（教師の想定する考えや正解）を子どもに探らせるということになりがちであった（図1−①）。しかし、深い学びが成立するとき、子どもたちは教師ではなく対象世界の方を向いて対話しているはずである（図1−②）。国語の読解で言えば、子どもがまず自分でテキストを読み、ある解釈を持つ。そして、集団での練り上げで、他者の解釈を聞く。そうして学んだ解釈を踏まえて、もう一度テキストに戻って読み直してみると、最初に読んだときとは見え方が変わるだろう。しかも、テキストと直に対話することで、ただ他者から学んだ見方をなぞるだけでなく、多かれ少なかれ、その子なりの新しい発見や解釈が生まれ得るのである。これが、子どもと対象世界が対話するということであり、学びが深まる（わかったつもりでいた物事が違って見えてくる）ということである。

　知識発見学習では、授業内で一定の結論に至らせることにこだわり一般化を急ぐあまり、書いてきっちりまとめたものを発表し合って、それを教師がまとめる展開になりがち

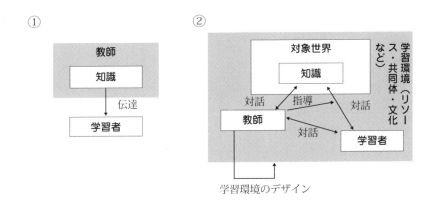

※図②において、教師と学習者は、同じ対象を共有し、協同して活動している点で対等な関係にある。一方で、図の位置関係が示すように、教師は、いわば先行研究者として、学習者の学習活動を見通し導きうる位置にある。ゆえに教師は、学習者の対象世界との対話を深めるべく直接的な指導を行ったり、時には、教師自身も埋め込まれている学習環境をデザインする間接的な指導性を発揮したりするのである。

図1　学習者、教材、教師の関係構造

出典：石井英真『現代アメリカにおける学力形成論の展開—スタンダードに基づくカリキュラムの設計』東信堂、2011年、p.183

であった。これに対して、知識構築学習では、グループでの子ども同士のコミュニケーションをより大切にしつつ、そこで何か一つの結論を出すことを急がず、インフォーマルな雰囲気の下での対話とアイデアの創発を促すことが重要となる。例えば、考えること、書くこと、話すことの三つを分断せず、各自考えながら、話し合って、そこで出た意見や思いついたことをそのままメモ的にワークシートやホワイトボードやタブレットに書き込んでいき、書いて可視化するからさらに触発されて話しことばの対話や個々の思考が促進される、といった具合に。それは、話し合い活動も書きことば的な「発表」をメインに遂行されてきた、書きことば優勢の教室のコミュニケーションに対し、即興性や相互に触発し合う偶発性を特長とする話しことばの意味を復権することを意味する（ことばの革命）。

3 「教科する」授業というヴィジョン

（1）教科の本質を追求する授業とは

　末広がりの単元構造や知識構築学習を目指すことは、子どもたちに委ねる学習活動の問いと答えの間を長くしていくことを志向していると同時に、それは教科の本質的かつ一番

おいしい部分を子どもたちに保障していくことを目指した、教科学習本来の魅力や可能性、特にこれまでの教科学習であまり光の当てられてこなかったそれ（教科内容の眼鏡としての意味、教科の本質的なプロセスの面白さ）の追求でもある。

教科学習の本来的意味は、それを学ぶことで身の回りの世界の見え方や関わり方が変わることにある。「もどり」を意識することは、教科内容の眼鏡としての意味を顕在化することを意味する。例えば、「蒸発」という概念を学ぶことで、水たまりが次の日にはなくなっているという現象のメカニズムが見えてくるし、蒸発しやすくするため衣類を温めてから干すなどの工夫をするようになるといった具合である。また、教科の魅力は内容だけではなく、むしろそれ以上にプロセスにもある。例えば、歴史科の教師のほとんどは、子どもたちが、一つ一つの歴史的な出来事よりも、それらの関係や歴史の流れを理解することが大事だと考えているだろう。しかし、多くの授業において、子どもたちは、板書されたキーワードをノートに写しても、教師が重要かつ面白いと思って説明しているキーワード間のつながりに注意を向けているとは限らない。まして、自分たちで出来事と出来事の間のつながりやストーリーを仮説的に考えたり検証したり、自分たちなりの歴史認識を構築したりしていくような「歴史する（do history）」機会は保障されることがない。

学ぶ意義も感じられず、教科の本質的な楽しさにも触れられないまま、多くの子どもたちが、教科やその背後にある世界や文化への興味を失い、学校学習に背を向けていっている。社会科嫌いが社会嫌いを、国語嫌いがことば嫌い、本嫌いを生み出している。「真正の学習」の追求は、目の前の子どもたちの有意義な学びへの要求に応えるものなのである。

ただし、有意義な学びの重視は、教科における実用や応用の重視とイコールではない。教科の知識・技能が日常生活で生きることを実感することのみならず、知的な発見や創造の面白さに触れることも、知が生み出される現場の人間臭い活動のリアルを経験するものであるならば、それは学び手の視野や世界観（生き方の幅）を広げゆさぶり豊かにするような「真正の学習」となるだろう。よって、教科における「真正の学習」の追求は、「教科の内容を学ぶ（learn about a subject）」授業と対比されるところの、「教科する（do a subject）」授業（知識・技能が実生活で生かされている場面や、その領域の専門家が知を探究する過程を追体験し、「教科の本質」をともに「深め合う」授業）を創造することと理解すべきだろう。多くの授業で教師が奪ってしまっている各教科の一番本質的かつ魅力的なプロセスを、子どもたちに委ねていく。ここ一番のタイミングでポイントを絞ってグループ学習などを導入していくことで、ただアクティブであることを超えて「教科する」授業となっていく。

（2）「教科する」授業を創るポイント

　末広がりの単元づくりと最適解創出型（知識構築型）の授業づくりのポイントとして、「もどり」の発想と「忖度する関係」の問い直しについて詳しく見てみよう。

　例えば、岐阜県海津市の輪中を取り上げて、「治水」概念を学んだ後、自分たちが住む広島市にも当てはまらないかを、過去と現在の航空写真などを素材にしながら考える小学校の社会科の授業。教師が教材研究で得た結論に向けて発言をつないでいき、放水路の存在に治水事業を確認する展開だと、「忖度する関係」は問い直されず、「治水」概念の身近な生活への適用（「転移」）で終わる。これに対し、「もどり」を意識するなら、治水により長らく水害が起きなかったのに、なぜ近年、広島市は災害に見舞われているのかという、子どもたちの足元の問題にまでつなげ、それにより、社会科で学んだことを総動員したり、航空写真から読み取れることを事実や経験に即して自由に考えたり、新たに情報や知識を収集したりしながら、教師もともに問いと向き合い、探究することで、教師や正答を忖度する関係性も再構成されていくだろう。

　「教科する」授業は、ホンモノの活動とそこで求められるものの見方・考え方に触れることで、結果として能力を高めテスト学力をも保障し、世界や社会への関心や生き方をゆさぶることを志向するものである。本物の活動のプロセスを味わう経験を保障する（体験目標）。その中で、結果として、活動の骨組みとなる資質・能力の要素が育成される（到達目標）とともに、既知の中に未知が見出され、問いが生まれ、自己と自己をとりまく世界とのつながりの編み直しが促されることで（方向目標）、生活が知的なものへと再構成される。例えば、香川大学教育学部附属高松中学校の一田幸子教諭による中学３年生の国語の授業。「空」をテーマにそれぞれが自由に俳句を詠み自らの句の鑑賞文を書いた上で、グループに分かれて句会を開く。メンバーの句について互いに鑑賞文を書き、作者のそれとも比較しながら、一番表現の広がりが感じられる作品を選ぶ。クラスメートそれぞれの感性に触れ、作者の思いと違う解釈が生まれそれに作者自身が感じ入る、そういった俳句の楽しみ方を味わう（体験目標）。その中で、自ずと季語の使い方や表現技法の工夫についても生きて働く形で習熟していき（到達目標）、助詞の使い方一つでもイメージされる情景が変わることの気付きや言葉を丁寧に選ぶ経験は、生徒一人一人の言語生活を豊かにしていく（方向目標）。

　「治水」に関する社会科の授業（概念（内容知）の深化に関わる）が示すように、わかっているつもりは、現実世界の複雑さから、また、俳句に関する国語科の授業（実践（方法知）の洗練に関わる）が示すように、できているつもりは、その文化や領域の追究の厚みからゆさぶられることで、教科の知と学びは、生活することや生きることにも響き、血が通ったものになっていくのである。

（3）「見方・考え方」をどう捉えるか
——高次であることと学びの深さ、重さの同時追求——

　ここまで述べてきた、「教科する」授業という視点から、新学習指導要領が「深い学び」のポイントとして提起する「見方・考え方」概念の捉え方と生かし方について述べてみよう。「見方・考え方」とは、各教科に固有の現実（問題）把握の枠組み（眼鏡となる原理：見方）と対象世界（自然や社会やテキストなど）との対話の様式（学び方や問題解決の方法論：考え方）と捉えられる。そして、新学習指導要領において、「見方・考え方」は、質の高い学びの過程を生み出す手段であり、かつ、その結果でもあるとされている。

　「見方・考え方」は、学びのプロセスが本質を外していないかどうかを判断する手がかりと考えることができ、その意味で質の高い学びの過程を生み出す手段なのである。各教科等の「見方・考え方」は、どの活動を子どもに委ねるかを判断するポイントとして、そのプロセスが自ずと生起する必然性のある課題を設計する留意点として捉えることが肝要だろう。

　さらに、「見方・考え方」が質の高い学びの過程の結果であるという点を踏まえれば、知識や概念が「見方」として学ばれ、スキルや態度がその人のものの「考え方」や思考の習慣となるような、生き方にまで響く教科の学びが追求されねばならないという、真の意味での学びの深さへの問いが浮かび上がってくる。言わば、「見方・考え方であるもの」というよりも、「見方・考え方になるもの」として捉えるわけである。「見方・考え方」として示されたプロセスを盛り込んで学習活動を設計することで、「使える」レベルの思考を含む、認知的に高次で複合的な学びをデザインすることはできるかもしれない。しかし、認知的に「高次」であることは、「深い」学びであること、さらには、生き方に響くような切実性を持った「重い」学びであることを意味するわけでない。

　例えば、地元の強みを生かした新しい町おこしのアイデアを考えるような、社会参画を含んだ、一見真正で総合的な課題にただ取り組むだけでは、他人事の問題解決になりがちである。そこでは、高次の複合的な思考過程は試されるかもしれないが、それが必ずしも子どもたちにとって真に自分事であり、世の中を見る目や生き方を肥やしていく学びになるとは限らない。自分たちの提示したアイデアに当事者目線のリアリティや説得力があるのかを吟味したりする中で、本音の部分で将来自分は地域とどのように関わるのかといった問いに直面し、現実の物事に対して無知や無関心であったことが自覚され、自らの立ち位置が問い直されていくといった具合に、足下の具体的な現実世界（生活）と抽象的な学問世界（科学）との間のダイナミックな往復の中で、思考の深化が切実な関心事の広がりや自らの生活世界へのゆさぶりにつながることで、「使える」レベルの学習は、高次さと深さを統一し、言葉や認識に重さが伴うような「真正の学習」になっていくのである。

　新学習指導要領で示された各教科等の「見方・考え方」については、「見方・考え方であるもの」として、一般的な学び方のように捉えてしまうと、スキル訓練に陥りかねないし、上から与えられた正解（遵守すべき型）のように捉えてしまいがちである。それを一つの手がかりとして、それぞれの学校や教師がその教科を学ぶ意味や本質的な視点や方法について議論すること、あるいは、子どもたちに身に付けさせたり経験させたりするものである以前に、教師の教材研究の視点として捉え、学びのプロセスに本質を見出す目を教師が磨いていくことが重要である。こうした作業は、学校現場や教師たちが、教科の本質の追求やカリキュラム開発における主体性を確立していくことにもつながるだろう。

4　教材と深く対話するとはどういうことか

　教材に正対しそれに没入できているか、そして、見方・考え方に例示されているような、教科として本質的なプロセスを経験できるような教材への向かい方ができているかを吟味した上で、その経験の質や密度を高めるべく、新たな着想を得ることで視野が開けたり、異なる意見を統合して思考や活動がせりあがったりしていくための指導の手立て（枠組みの再構成やゆさぶり）が考えられる必要がある。学びが深まる経験は、グループでの創発的なコミュニケーションの中で、様々な意見が縦横につながり、小さな発見や視点転換が多く生まれることでもたらされる場合もある。また、クラス全体でもう一段深めていくような対話を組織することを通じて、なぜなのか、本当にそれでいいのだろうかと、理由を問うたり前提を問い直したりして、一つの物事を掘り下げることでもたらされる場合もある。グループでの子ども同士の学び合いの後、各グループからの話し合いの報告会や交流で終わるのではなく、子どもたちが気付いていない複数のグループの意見のつながりを示したり、子どもたちが見落としているポイントや論点を提示したりして、子どもたちをゆさぶる投げかけをすることを日々意識するとよいだろう。教師が子どもに教え込む（タテ関係）だけでも、子ども同士で学び合う（ヨコ関係）だけでもなく、教材をめぐって教師と子どもがともに真理を追求し、子どもたちが先行研究者としての教師に挑み、教師も一人の学び手として子どもたちと競る関係（ナナメの関係）を構築していくことが重要である。

　さらに、思考の密度（中身の詰まり具合）については、子どもたちが、ただ想像し推理するのではなく、十分な質と量の知識を伴って、すなわち、確かな思考の材料と根拠をもって推論することを保障するのが重要である。教科書でわかりやすく教える授業を超えて、教科書をも資料の一つとしながら学ぶ構造を構築した上で、複数の資料を机に広げな

がら、思考の材料を子ども自身が資料やネットなどから引き出しつなげていくこと（知識の吸い上げ）を促すことで、学習者主体で学びの質を追求しつつ、知識の量や広がりも担保できるだろう。例えば、世界史の授業で、モンゴル帝国の世界史的影響をグループで議論する際、教科書、資料集、授業プリントや参考文献、果ては歴史漫画なども持ち出して机の上に広げ、バラバラに教科書に載っている、モンゴル帝国と同時代の西洋、東洋それぞれの歴史の出来事や特徴を見直しつなげて考えていくという具合に。

　最後に改めて、学びの深さ以前に、教材自体の深さを吟味する必要性を指摘しておきたい。「深い学び」というとき、浅く貧弱な教材に対して、思考ツールや込み入ったグループ学習の手法を用いることで、無理やりプロセスを複雑にし、考えさせる授業になっていないだろうか。読み手を試す読み応えのある連続型テキストと格闘させず、非連続型テキストからの情報選択・編集作業に終始していないだろうか。教材それ自体の文化的価値が高く、内容に深みがあればこそ、その真価をつかむためにはともに知恵を出し合わざるを得ず、協働的な学びや深い学びが要求されるのである。

●参考文献
石井英真『今求められる学力と学びとは』日本標準、2015年
石井英真『中教審「答申」を読み解く』日本標準、2017年
石井英真編著『授業改善８つのアクション』東洋館出版社、2018年
石井英真『授業づくりの深め方』ミネルヴァ書房、近刊

第2章

「主体的・対話的で深い学び」と
評価の観点との接続

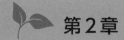

「主体的・対話的で深い学び」と評価の観点との接続

二宮衆一

1 「資質・能力」の育成と「主体的・対話的で深い学び」

　2017（平成29）・2018（平成30）年の学習指導要領の改訂では、「資質・能力」の育成が学校教育の目標として掲げられた。そして、「資質・能力」の三つの柱として「知識及び技能」「思考力、判断力、表現力等」「学びに向かう力、人間性等」が示された。そして、それらを育成するための学びの在り方として「主体的・対話的で深い学び」が提案された。

　「資質・能力」の三本柱は、どのような学力を表しているのか。「知識及び技能」は「何を理解しているか、何ができるか」、「思考力、判断力、表現力等」は「理解していること・できることをどう使うか」、「学びに向かう力、人間性等」は「どのように社会・世界と関わり、よりよい人生を送るか」と示されている[1]。この意味づけから明らかなように、「資質・能力」として、今後、育成が目指されている学力とは、教科内容である知識・技能を学び、理解していくだけでなく、それらを使い、何かを行い、社会や世界と関わっていく力であり、自らの人生を切り拓いていく力である。つまり、知識・技能を学び、理解し、説明できるような「再生力」をこえて、知識・技能を問題状況に応じて使い分け、利用できるような「使いこなす力」が、「資質・能力」として求められているのである。

　そうした学力観を体現する「資質・能力」を育てていくためには、「再生力」を育てる従来の授業からの転換が必要となる。そこで提案されたのが、「主体的・対話的で深い学び」であり、なかでも「深い学び」が鍵となっている。なぜなら、子ども自らが能動的に学習に取り組むことを意味する「主体的な学び」や、友達や教師など他者とのやりとりを通して学び合う「対話的な学び」は、いわば学習の「形」や「型」だからである。こうした学習の「形」や「型」のみが授業の中で新たに取り入れられ、授業改善が行われると、活動あって学びがない「活動主義」に陥る。「主体的な学び」や「対話的な学び」は、「深い学び」として方向付けられる必要がある。

　では、「深い学び」とは、どのような学習を指すのか。「習得・活用・探究という学びの過程の中で、各教科等の特質に応じた『見方・考え方』を働かせながら、知識を相互に関連付けてより深く理解したり、情報を精査して考えを形成したり、問題を見いだして解決策を考えたり、思いや考えを基に創造したりする」学習である[2]。ここに示されるように、それは、それぞれの教科固有の知識・技能と「見方・考え方」を使いながら、学習対象の深い理解を目指す学びであり、またそれらを使いながら、自らの考えを形成したり、問題を解決したりするような学びの在り方を表したものと捉えられる。

　こうした「深い学び」を実現するためには、授業の中で喚起した「面白そう」「不思議」といった興味・関心を子ども自身の課題意識へと育て、粘り強く学習に取り組んでいけるようにすることが必要であり、また知識を関連付け、構造化していくためには、自分の考えを他者に伝えると同時に、他者の多様な考えに触れることが大切となる。その意味で、「主体的な学び」や「対話的な学び」が、「深い学び」にとっては不可欠となるのである。「深い学び」に方向付けられた「主体的な学び」「対話的な学び」、そうした学習の在り方が、「資質・能力」の育成のために求められていると考えられる。

2　新しい評価の3観点をどのように理解するか

　2017（平成29）・2018（平成30）年の学習指導要領の改訂を受け、2019（平成31）年1月、今後の評価の在り方が、中央教育審議会初等中等教育分科会教育課程部会より報告された。「児童生徒の学習評価の在り方について」と題された報告では、これまでの評価が、ともすれば「学期末や学年末などの事後の評価に終始してしまうことが多く、評価の結果が児童生徒の具体的な学習改善につながっていない」ことが指摘され、「児童生徒一人一人の学習の成立を促すための評価という視点を一層重視する」ことが提起されている[3]。つまり、今後の評価の役割として学習の到達度を評価する「総括的評価」よりも、学習や指導の改善を目的とする「形成的評価」の役割が強調されたと言える。

　報告では、そうした形成的評価の役割を果たすために、従来の観点別学習評価の四つの観点（「知識・理解」「技能」「思考・判断・表現」「関心・意欲・態度」）を、新しく掲げられた「資質・能力」の三つの柱に対応させ、三つの観点（「知識・技能」「思考・判断・表現」「主体的に学習に取り組む態度」）に整理している。これら三つの評価の観点を意識しながら、学習指導要領で示された「主体的・対話的で深い学び」を授業の中に生み出していくことが、「資質・能力」の育成のためには不可欠となる。

　具体的には、評価の3観点を授業や単元の目標と結び付け、「主体的・対話的で深い学

び」を構想していくことが授業づくりの課題となる。つまり、観点別評価の観点を、子どもたちの学習成果を評価するための観点と捉える前に、授業や単元の中で育てる学力として意識していくことが重要となる。「知識・技能」を使いこなせるようになるとはどのような状態なのか、知識・技能を使って「思考・判断・表現」する場や機会がどのような活動として設定できるか、「主体的に学習に取り組む態度」が育まれるためには、どのような学習課題や学習の展開が適切か。授業づくりの中で、そうした工夫や手立てを意識することが、「主体的・対話的で深い学び」をつくりだす筋道となる。

　また、新たな3観点を授業に生かしていくためには、それぞれの観点を独立した観点と捉えるのではなく、関係付けていく必要もある。報告を手がかりに、読み解いていくと、次のように関係付けることができるだろう。

　まず「知識・技能」の評価については、「各教科等における学習の過程を通した知識及び技能の習得状況について評価を行うとともに、それらを既有の知識及び技能と関連付けたり活用したりする中で、他の学習や生活の場面でも活用できる程度に概念等を理解したり、技能を習得したりしているかについて評価する」と示されている[4]。注目したいのは、「知識・技能」の理解が、「習得」と「関連付け・活用」の二つに分けられている点である。つまり、「知識・技能」の理解には、「習得」レベルと「関連付け・活用」レベルがあり、前者に比べ、後者はより深い理解のレベルと捉えられている。

　では、「習得」レベルから「関連付け・活用」レベルへと知識や技能の理解が深められるためには、何が必要なのか。「思考・判断・表現」が鍵となる。報告の中で、それらは「各教科等の知識及び技能を活用して課題を解決する等のために必要な思考力、判断力、表現力」と提起されている[5]。つまり、習得した知識や技能を使って、思考したり、判断したり、表現したりする中で、知識や技能についての理解が深まると同時に、知識や技能を使って思考する「思考力」等も発達すると考えられているのである。

　こうした「知識・技能」と「思考・判断・表現」の関係に示されるように、今回の学習指導要領において示された「資質・能力」に基づく学力観では、学力の質の違いを意識する必要がある。報告の中で触れられている学力

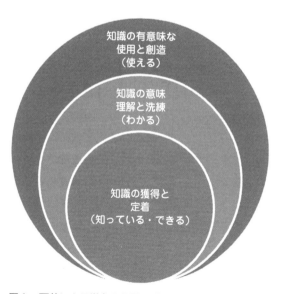

図1　石井による学力の3層モデル

出典：石井英真『今求められる学力と学びとは』日本標準、
　　　2015年、p.22

（図中）
知識の有意味な
使用と創造
（使える）

知識の意味
理解と洗練
（わかる）

知識の獲得と
定着
（知っている・できる）

の質の違いは2層であるが、3層のモデルも提案されている。例えば、石井は学力を次のような3層構造の学力モデルを提起している[6]。そこでは、「知っている・できる」「わかる」「使える」の三つのレベルで、学力を捉え、より包括的で深い理解への到達を意味する「使える」レベルの学力を育てることの重要性が強調されている。

　この石井の学力モデルにおいても、「知っている・できる」から「わかる」へ、「わかる」から「使える」へと学力を深めていくための鍵となるのは、「解釈、関連付け、比較」や「問題解決、調査、批判的思考」といった活動である。そうした認知的スキルと呼ばれる思考を伴う学習を既有の知識や技能を使いながら行うことで、学力が深まると捉えられている。

　このように「知識・技能」と「思考・判断・表現」の2観点については、「知識・技能」の理解を深めていくために、「思考・判断・表現」を行う学習活動を創りだしていくという関係で捉えると、2観点を授業づくりと結び付けやすくなる。「知識・技能」と「思考・判断・表現」は別もの、あるいは「知識・技能」よりも「思考・判断・表現」が大切と捉えると、各教科の学習内容である「知識・技能」の理解とすべての教科において育てる「思考・判断・表現」の力が結び付かず、例えば国語の授業の中で「思考力」を育てるために、登場人物の理解とは関係なく、登場人物を「分類する」学習、いわゆる思考スキルや思考ツールの直接指導が行われることになる。

　思考力を身に付けるためには、思考する経験が不可欠である。しかし、深い思考の経験は、思考ツールや思考スキルを利用するだけでは生まれない。各教科の知識や技能を利用し、問題解決的な思考をしたり、批判的に思考する中で、深い思考は成立する。「知識・技能」の理解を深めていくためには、「知識・技能」を使った「思考・判断・表現」が必要であり、そうした経験の中で、思考力や判断力、表現力が養われていく。そうした相補的な関係として両者を捉えることが重要である。

　三つ目の「主体的に学習に取り組む態度」については、まず観点別評価や評定にはなじまない思いやりや感性と、「主体的に学習に取り組む態度」が区別されていることに留意する必要がある。その上で、「主体的に学習に取り組む態度」を、授業の中で育む対象として捉えていくことが大切である。具体的には、報告の中で指摘されているように、「単に継続的な行動や積極的な発言等を行うなど、性格や行動面の傾向」ではなく、各教科の学習において「知識及び技能を獲得したり、思考力、判断力、表現力等を身に付けたりするために、自らの学習状況を把握し、学習の進め方について試行錯誤するなど自らの学習を調整しながら、学ぼうとしているかどうかという意思的な側面」を評価の対象とし、それを授業の中で育んでいく意識を持つ必要がある[7]。

　「主体的に学習に取り組む態度」を以上のように捉えるならば、先ほどの「知識・技能」を使った「思考・判断・表現」による深い学びとの結び付きは明らかであろう。つまり、

各教科における「知識・技能」の学習、そして「知識・技能」を使った「思考・判断・表現」に基づく学習が、子どもたちにとって、意味のある学びとなったときに、「主体的に学習に取り組む態度」が育まれるのである。

　深い学びとは、問いと答えの間が長い試行錯誤を伴う学習であり、そこでは、一方では粘り強く考える意欲や納得できる根拠を探し求める知的な態度が要求され、他方では、学習を成功させるために学習を見直したり、修正するメタ認知能力が必要とされる。子どもたちにとって学ぶ意味が感じられる学習であってこそ、そうした粘り強さや、持続的な学びを可能とするメタ認知が発揮される。主体的に取り組みたいと思える「深い学び」を授業の中で実現することが、「主体的に学習に取り組む態度」を育むことにつながるのである。

3　パフォーマンス課題を利用した「主体的・対話的で深い学び」

（1）知識・技能を総合的に使うパフォーマンス課題

　「思考・判断・表現」を行う学習活動を媒介に「知識・技能」の理解を深め、そのプロセスにおいて「主体的に学習に取り組む態度」を育む学びを実現するための方法の一つとして、単元の中にパフォーマンス課題を設定することが具体案として考えられる。

　パフォーマンス課題とは、リアルな状況や文脈のもとで、複数の知識やスキルを用いて、問題解決を求めるものである。その幅は広く、例えばエッセイや研究レポートの作成、プレゼンテーション、ディベート、演技、演奏、実験などが含まれる。つまり、パフォーマンス課題とは、既有の様々な「知識・技能」を活用して、「思考・判断・表現」などの活動に取り組む課題を指す。単元の中、あるいはカリキュラムの中に、パフォーマンス課題を組み込むことで、三つの評価の観点を生かした授業を構想することができる。

　ここでは京都市の高倉小学校の吉川先生の授業を例に、パフォーマンス課題を組み込んだ単元構想と実践を紹介しよう[8]。単元は、小学校5年生の算数の「面積」である。吉川先生は、単元の目標を「既習の求積可能な図形の面積の求め方をもとにして、三角形や平行四辺形、台形、ひし形の面積の求め方や公式を筋道立てて考え、表現できるようにする」と設定した。そして、単元の後半でパフォーマンス課題として「同じ面積の図形でも、形によっては広さが違って見えることがあります。このことを使って、同じ面積になるいろいろな形の『だまし絵』を作り、友達や家族に紹介しましょう」という課題を取り入れている。単元の構想は、以下のようになっている（表1参照）。

　子どもたちは、図形についての既習の知識や技能、本単元で学習した様々な図形の面積

表1　単元構想（総時数14時間）

時間	学習活動
1	【パフォーマンス課題を提示する時間】 長方形・正方形・三角形の広さ比べを通し、正確に面積を捉える必要性を感じ、その方法を考えようとする。
2	三角形の面積の求め方を考える。
3	三角形の面積を求める公式を考える。
4	四角形の面積を工夫して求める。
5	平行四辺形の面積の求め方について考える。
6	平行四辺形の面積の公式の導き方を考える。
7	公式を使って、さまざまな三角形や平行四辺形の面積が求められることを理解する。
8	台形の面積の求め方について考え、説明する。
9	ひし形の面積の求め方について考える。
10	三角形の高さや底辺と面積の関係について理解する。
11	三角形の求積の結果から、どのように求めているのかを考える。
12 本時	【パフォーマンス課題を解決する時間①】 だまし絵の工夫や作り方を考え、だまし絵を作る。
13	【パフォーマンス課題を解決する時間②】 だまし絵を友だちと試し合い、面積についての学習のまとめをする。
14	単元のまとめに取り組み、学習内容が定着しているかを確かめる。

出典：吉川武彰「実践5　小学校5年算数　だまし絵を作ろう」石井英真編著『小学校発　アクティブ・ラーニングを超える授業』日本標準、2017年、p.49

の求め方・公式を使いながら、だまし絵のパフォーマンス課題に挑戦した。例えば、パフォーマンス課題に挑んだ第12時間目の授業では、子どもたちは「図形の向きを変えると面積がわかりにくくなると思う」「片方の図形を細長くすると面積が違うように見える」「底辺が同じで、高さが違う三角形を組み合わせて四角形を作ろう」など、これまでの学習で得た知識や技能を総合的に使いながら、だまし絵づくりに取り組んでいる。そうした学習の結果、子どもたちが完成させただまし絵も多彩なものとなっている。三角形もあれば、四角形、ひし形、平行四辺形もあり、そうしただまし絵の多彩さにも、子どもたちが図形や面積の求積に関する様々な知識や技能を使った足跡を見て取ることができる。

　知識や技能を使って、思考したり、判断したり、表現するプロセスとは、いわば学び直しであり、そこに知識・理解の深まりの契機が生まれる。パフォーマンス課題とは、複数の知識・技能を使うことを要求することで、そうした学び直しの機会を単元、カリキュラムの中に生み出し、知識・技能の理解を深めていく一つの方法と言えるだろう。

（2）「主体的に学習に取り組む態度」を育てる工夫

　吉川先生は、「主体的に学習に取り組む態度」を育む工夫も行っている。それは、子どもたちに学習の見通しを持たせる工夫とまとめられるであろう。今回の報告の中でも指摘されているように、学習に粘り強く挑戦していくためには、子どもたち自身が、学習の到達点として何が目指されているのかを理解していること、すなわち学習の見通しを持っていることが大切である。吉川先生は、そのための工夫をパフォーマンス課題と関連させ行っている。

　例えば、吉川先生は単元の始めに、パフォーマンス課題を提示し、単元を通じて挑戦する課題を子どもたちと共有している。さらに、単元を通して、パフォーマンス課題を子どもたちに意識させるために、毎時間の学習の最初に、同じ面積だが、形が違うために面積が違って見える二つの図形を用意し、提示している。二つの図形の片方は、その時間で学習する図形とし、提示するすべての図形の面積を24㎠に統一する工夫も行っている。

　こうした工夫により、単元を通して、だまし絵づくりというパフォーマンス課題を意識させることで、子どもたちに学習の見通しを持たせたのである。だまし絵づくりという目標を常に意識することで、子どもたちは、単元の前半に行われた三角形、四角形、平行四辺形、台形、ひし形の面積を求める学習にも、意味を見いだせることになる。つまり、それぞれの時間の学習が、だまし絵づくりのための一連の学習として、子どもたちに理解されることになり、それが「主体的に学習に取り組む態度」の育成につながるのである。

　近年の教育評価の研究では、評価を利用して、こうした「主体的に学習に取り組む態度」を育成する提案がなされている。それは「学習としての評価（Assessment as Learning）」と呼ばれる新しい評価の考え方である。「学習としての評価」とは、端的に表すならば、評価活動を学習として利用しようとする試みである[9]。

　例えば、パフォーマンス課題を利用した単元の始めに、評価基準を満たしている作品と満たしていない作品を取り上げ、それらの比較検討することなどが挙げられる。子どもたちは、こうした評価活動を通じて、評価基準を理解し、単元においてどのような学習が求められているのかを見通せるようになる。評価基準を「メタ認知的知識」として子どもたちに学ばせ、それを使って自らの学習を振り返る「メタ認知的活動」に挑戦させることで、学習の見通しを持たせようとするのである。

　吉川先生の授業を例にとるならば、単元の始めにパフォーマンス課題を共有することに加え、だまし絵づくりのパフォーマンス課題の評価基準を子どもたちと共に検討し、共有することが「学習としての評価」の活動例として考えられるだろう。この単元では「数学的推論」の評価基準として「二つの図形を求める式が書けており、面積が等しくなる理由を絵や図、矢印などを使って無駄なく、誰にでもわかるように筋道立てて説明することが

できる」と「二つの図形を求める式が書けており、面積が等しくなる理由を説明することができている」が作成されている。こうした評価基準を教師が子どもたちの学習成果を評価するために使うだけでなく、子どもたちと共有していくことが、「学習としての評価」の提唱する考えである。

　面積が等しくなる理由を「誰にでもわかるように筋道立てて説明する」こと、具体的には「絵や図、矢印などを使って無駄なく」説明できることが、学習成果の一つとして求められていることを子どもたち自身が理解できていることが、学習の見通しを持たせることにつながる。「学習としての評価」とは、評価活動を学習活動として利用することで、学習者自身に学習の見通しを持たせ、学習に主体的に取り組めるようにするものである。「主体的に学習に取り組む態度」を育成していくためには、こうした「学習としての評価」のような試みも有効な方法となるであろう。

4　教科横断的な学びを生み出す　カリキュラム・マネジメント

　「資質・能力」を育成するためには、「主体的・対話的で深い学び」と三つの評価の観点を接続し、日々の授業を改善していくことに加え、各教科内での単元をどう結び付けていくのか、異なる教科での学習をどのように関連付けていくのか、といったカリキュラム全体を俯瞰する目が必要となる。なぜなら「使える知識・技能」や「見方・考え方」、「思考力・判断力・表現力」といった「資質・能力」は、いずれも長期的な学習の成果として獲得されるものだからである。

　「見方・考え方」は、各教科の学習内容の理解が「使える知識・技能」にまで深まり、それらが蓄積される中で認識されるようになる。そうした各教科固有の「見方・考え方」は、それぞれの「見方・考え方」の違いを子ども自身が自覚していく中で、より確かなものとなっていく。また、「思考力・判断力・表現力」は、知識・技能を使いながら、思考し、判断し、表現する経験を繰り返す中で徐々に形成されていく。つまり、各教科の「見方・考え方」を複数使う学び、そして様々な教科の中で「思考・判断・表現」を積み重ねていく学びが「資質・能力」を育てるためには不可欠であり、その意味で教科横断的な学びを構想するカリキュラム・マネジメントが必要となるのである。

　最後に、そうしたカリキュラム・マネジメントに取り組んでいる和歌山大学教育学部附属小学校の試みを紹介しておこう。和歌山大学教育学部附属小学校では、子どもたちに身に付けさせたい資質・能力を「探究力（目の前の未知の問題に対して、探究のプロセスを通して解決に取り組む資質・能力）」と「省察性（問題解決や自己理解、他者理解等の目的に応じ

て、学習や行動を調整・改善する資質・能力）」の二つと捉え、その育成に関する研究を2018（平成30）年度より始めている。ここでは、「探究力」を育成する教科横断的な学びの試みを紹介しよう[10]。

　和歌山大学教育学部附属小学校では、「探究力」を育成するために、単元を探究プロセス、すなわち「課題設定」「情報収集」「情報の整理・分析」「まとめ・表現」に沿って構想している。しかし、各教科の単元を探究プロセスに基づいて構想し、実践していくだけでは、十分に「探究力」を育むことができないのではないかという疑問に直面した。例えば、子どもたちを対象にした自己評価アンケートでは、主体的に学習に関わろうとする力や他者と協働で学ぶ力については一定の成果を確認できたが、学んだ知識・技能を活用する力については十分に獲得されていないことがうかがえた。こうした疑問を受けて、教科内での単元を探究プロセスに沿って構想することに加え、教科横断的な視点で各教科の学習を関連付けていくカリキュラム・マネジメントを試みるようになった。それが以下の二つの教科横断的に探究的な学習事例である。

　一つ目は、小学校3年生の社会科を軸に教科横断的な学びを構想している中山先生の事例である。中山先生は、社会科の単元を探究的な学びとして構想すると同時に、それと各教科での学習を関連付けることで、教科横断的な学びを実現しようとしている。具体的には、図2に示されるように、社会科の単元「わたしたちの生活と工場で働く人々の仕事」において、「どのようにして漬物づくりが行われているのだろう」「どうすれば日本人の漬物離れが解決するだろう」という問題解決学習を行うと同時に、特別活動でも単元「郷土料理について知ろう」を探究的な学習活動として展開し、さらに、それらと国語の単元とも関連性を持たせることで、教科横断的な学びを実現し、探究力を育もうと試みている。

　中山先生の教科横断的な学習の構想の特徴は、探究のプロセスを教科間で共有している点にある。特別活動での「郷土料理について知ろう」を社会科での「どのようにして漬物づくりが行われているのだろう」の「課題設定」と関連付けたり、特別活動の中で行われる紀の川漬けを作って食べるという活動で得られた知識を社会科での「情報収集」「情報の整理・分析」に活用している。また社会科の学習活動を通じて得られた知識を国語の「漬物工場のひみつ教えます」という説明文を作成する活動での「課題設定」や「情報の整理・分析」「まとめ・表現」と関連付けている。

　各教科は、独自の探究を行いながらも、社会科を中心に「漬物」に関する探究のプロセスを部分的に共有する。つまり、「漬物」を異なる教科の「見方・考え方」から見つめる教科横断的な学習が行われることになるのである。異なる教科の視点で同じ物事を見つめる学習活動、いわばクロス・カリキュラム的な教科横断的な学習によって、各教科固有の「見方・考え方」の特性や意義を子どもたちに認識させるカリキュラム・マネジメントが中山実践の特徴である。

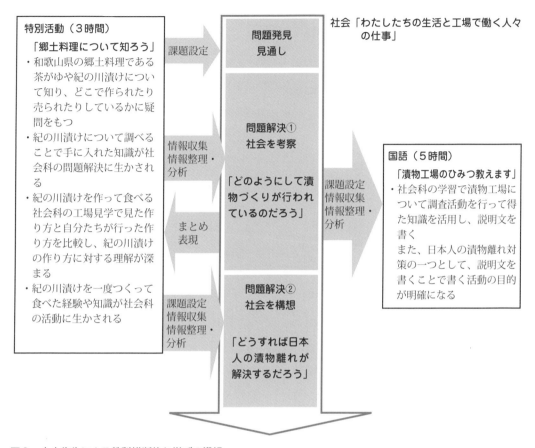

図2　中山先生による教科横断的な学びの構想

　二つ目の事例は、小谷先生による小学校5年生の総合的な学習の時間を軸にした教科横断的な学習である。今回の学習指導要領においても示されているように、総合的な学習の時間は、各教科の知識・技能を使った探究的な学習活動を行う時間として位置付けることができる。そうした総合的な学習の時間の特徴を利用し、教科横断的な学習を構想しているのが、小谷先生の事例である。中山先生と同様に、教科横断的な学びの軸となる総合的な学習の時間を探究プロセスとして構想すると同時に、例えば探究の「課題設定」を体育の単元での学びとして関連付けるというように、他の教科と探究のプロセスを部分的に共有している（図3）。

　ただし、小谷実践では、「漬物」という探究対象を異なる教科の視点から眺めることを意図した中山実践のようなクロス・カリキュラム的な教科横断的な学習がねらわれていない。小谷実践の中で意図されているのは、探究のプロセスに含まれている四つの探究活動の在り方を各教科固有の「見方・考え方」から捉え直すことである。具体的には、校内でのけが調べの結果を公表していく「まとめ・表現」活動の在り方がいくつかの教科の視点

```
┌─────────────────┐                    ┌─────────────────────────┐
│ 体育科           │                    │ 総合的な学習の時間      │
│  「けがの防止」  │                    │ ┌─────────────────────┐ │
│ ・校内で起こった │ ━━━━━━━━━━▶        │ │     課題設定        │ │
│   けがを         │                    │ │ 校内ではどれくらい  │ │
│   もとに、けがの │                    │ │ のけがが起きている  │ │
│   原因を         │                    │ │ のだろう。          │ │
│   予想する。     │                    │ └─────────────────────┘ │
└─────────────────┘                    │ ┌─────────────────────┐ │          ┌─────────────────┐
                                        │ │     情報収集        │ │          │ 道徳科           │
                                        │ │ 保健室の「けがの記  │ │          │  「すれちがい」  │
                                        │ │ 録」をもとに、校内  │ │          │ ・相手の立場を考え │
                                        │ │ で起こったけがの場  │ │          │   ながら、謙虚な心 │
                                        │ │ 所、種類、部位、学  │ │          │   をもって他人に接 │
                                        │ │ 年等のデータを収集  │ │          │   する態度を養う。 │
                                        │ │ する。              │ │          └─────────────────┘
                                        │ └─────────────────────┘ │
┌─────────────────┐                    │ ┌─────────────────────┐ │          ┌─────────────────┐
│ 算数科           │                    │ │     整理・分析      │ │          │ 社会科           │
│  「割合とグラフ」│ ━━━━━━━━━━▶        │ │ 集めたデータを観点  │ │ ◀━━━━━   │  「情報を作り、  │
│ ・校内で起こって │                    │ │ 別に集計し、分析す  │ │          │   伝える」       │
│   いるけがをもと │                    │ │ る。                │ │          │ ・マスメディアが │
│   にしたグラフと、│                   │ └─────────────────────┘ │          │   もつ役割とその │
│   ビッグデータに │                    │ ┌─────────────────────┐ │          │   特徴について、 │
│   よるグラフの比 │                    │ │   まとめ・表現      │ │ ◀━━━━━   │   理解する。     │
│   較をとおして、 │                    │ │ 調べたことを報告書  │ │          └─────────────────┘
│   考察を行う。   │                    │ │ にまとめ発信する。  │ │
└─────────────────┘                    │ └─────────────────────┘ │
                                        └─────────────────────────┘
                                                                            ┌─────────────────┐
                                                                            │ 国語科           │
                                                                            │  「想像力のスイ  │
                                                                            │   ッチを入れよう」│
                                                                            │ ・情報を鵜呑みに │
                                                                            │   したことによる │
                                                                            │   事例から、情報 │
                                                                            │   の印象や伝わり │
                                                                            │   方について考える。│
                                                                            └─────────────────┘
```

図3　小谷先生の教科横断的な学びの構想

で捉え直されている。例えば、情報の発信内容や発信方法が他の子どもたちにどのように受け取られ、影響を与えるのかという社会科の視点、自分たちが伝えたいことを適切に表現するための言語表現の在り方を問う国語科の視点、実際にけがをした子ども、あるいはけがをさせてしまった子どもといった特定の他者の立場に立って、表現を考える道徳科の視点から捉え直すことが意図されている。けが調べの結果をまとめ、表現するという活動を様々な教科の「見方・考え方」で考え、捉え直していくことは、各教科の「見方・考え方」を意識し、その意義を自覚することにつながっていくだろう。自分たちの行っている探究活動を、各教科の「見方・考え方」の視点から見つめ直す教科横断的な学習によっ

て、より深い探究を実現しようとする点に小谷実践の特徴がある。

　「資質・能力」へと子どもたちの学力を高めていくことは、一朝一夕ではできない。「使える知識・技能」へと理解を深め、教科固有の「見方・考え方」を認識していくこと、知識・技能を使いこなす活動の中で思考力・判断力・表現力を育てていくこと、興味・関心、疑問を自己の問題意識にまで高めていくこと、これらはいずれも長期的な学習活動の成果として獲得されるものである。そうした長期的な学習活動を行っていくためには、日々の授業を改善していくことに加え、各教科での単元をどう結び付けていくのか、異なる教科での学習をどのように関連付けていくのか、カリキュラム全体を俯瞰する目が必要であり、教科を横断する学びを構想していくカリキュラム・マネジメントが必要となる。

●注
1　文部科学省『新しい学習指導要領の考え方：中央教育審議会の議論から改訂そして実施へ』2017年、p.15。
2　文部科学省『小学校学習指導要領（平成29年告示）解説 総則編』2017年、p.77。
3　中央教育審議会初等中等教育分科会教育課程部会「児童生徒の学習評価の在り方について（報告）」2019年、p.4。
4　同上書、p.7。
5　同上書、p.8。
6　石井英真『今求められる学力と学びとは』日本標準、2015年。
7　中央教育審議会教育課程部会、前掲書、2019年、pp.9-11。
8　吉川武彰「実践5 小学校5年算数 だまし絵を作ろう」石井英真編著『小学校発　アクティブ・ラーニングを超える授業』日本標準、2017年。
9　二宮衆一「教育評価の機能」西岡加名恵・石井英真・田中耕治編著『新しい教育評価入門：人を育てる評価のために』有斐閣コンパクト、2015年や、安藤輝次『みんなで「深い学び」を達成する授業：形成的アセスメントで子どもが自ら学びを把握し改善する』図書文化社、2018年を参照。
10　以下の和歌山大学教育学部附属小学校の取組については、和歌山大学教育学部附属小学校の教員である小谷祐二郎及び中山和幸から提供してもらった資料に基づき執筆した。

第3章

---●

評価の観点を活かす
年間指導計画・評価計画

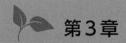

評価の観点を活かす
年間指導計画・評価計画

大 下 卓 司

　2020（令和2）年度から新学習指導要領の全面実施に伴い、新しい指導要録に沿って児童生徒の評価が行われることとなっている。本章では、1年間のように長期にわたる指導と評価の計画に着目する。第一に、新しい指導要録の主な変更点である、評価の観点が現行の4観点から3観点へと変更された点に着目する。第二に、近年の学校における働き方改革の動向の中で、指導要録の様式が簡略化された点に着目する。第三に、これらの変更に伴い、日々の授業がどのように変わる必要があるのか、という点を検討する。第四に、以上を踏まえ、学校として指導要録改訂にどのように臨む必要があるのか、という点について検討する。

1 新指導要録における観点別評価のポイント

　現行の指導要録においては観点、すなわち、「関心・意欲・態度」「思考・判断・表現」「技能」「知識・理解」から評価されていた。新しい指導要録では、資料1に示したとおり、「知識・技能」「思考・判断・表現」「主体的に学習に取り組む態度」という3観点へと変更される。これは、学校教育法及び、2017（平成29）年改訂の学習指導要領に示された目標や内容に対応するものである。では、それぞれの観点では、何をどのように評価するのか。

（1）「知識・技能」

　現行の観点である「知識・理解」及び「技能」が「知識・技能」として一つの観点に集約される。ここで注意すべき点は、事実的な知識の習得だけでなく、「既有の知識及び技能と関連付けたり活用したりする中で、他の学習や生活の場面でも活用できる程度に概念等を理解したり、技能を習得したりしているか」、つまり知識の概念的な理解に関わるレ

資料1　3観点と指導要録の対応

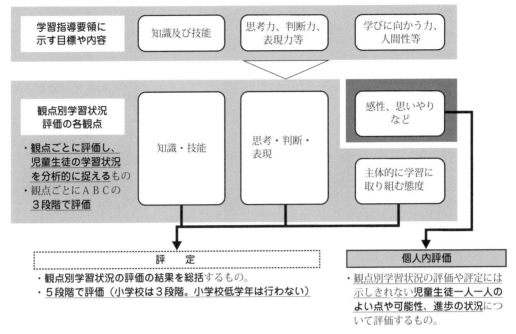

出典：国立教育政策研究所『学習評価の在り方ハンドブック 小・中学校編』2019年、p.6

ベルが含まれている点である。そのため、ペーパーテストだけでなく、その問題を工夫することはもちろん、文章による表現、観察や実験、式やグラフで表現するなど、児童生徒が知識や技能を使いこなす場面や問題を設定する必要がある。

（2）「思考・判断・表現」

　「思考・判断・表現」においては、「各教科等の知識及び技能を活用して課題を解決する等のために必要な思考力、判断力、表現力等を身に付けているかどうか」を評価することになる。具体的には、論述やレポートの作成、発表、グループや学級における話合い、作品の制作や表現など、多様な活動を取り入れるとともに、それらを集めたポートフォリオを活用するといった方法が有効となる。このように児童生徒が、思考し、判断し、表現するような場面をカリキュラムの中で意図的に設定し、その成果を蓄積することが求められている。

（3）「主体的に学習に取り組む態度」

　現行の観点である「関心・意欲・態度」が「主体的に学習に取り組む態度」（以下、「態度」と記す）へと変更されている。「態度」においては、挙手の回数や毎時間ノートを取っているかなどではなく、「自らの学習状況を把握し、学習の進め方について試行錯誤する

など自らの学習を調整しながら、学ぼうとしているかどうかという意思的な側面」を評価することになる。具体的には、ノートやレポート等における記述、授業中の発言、教師による行動観察や、児童生徒による自己評価や相互評価等の状況を教師が評価を行う際に考慮する材料の一つとすることになる。そのため、この観点だけ独立して評価されるのではなく、「知識・技能」「思考・判断・表現」の観点も踏まえた上で、評価を行う必要がある。

　これら３観点とその具体的な評価方法に示されているとおり、１回の授業で３観点を評価する必要は必ずしもない。実際、国立教育政策研究所は、「観点別学習状況評価の記録に用いる評価については、毎回の授業ではなく原則として単元や題材などの内容や時間のまとまりごとに、それぞれの実現状況を把握できる段階で行うなど、その場面を精選することが重要です」[1]と述べている。このように、３観点の評価は単元など中期的な見通しの下で計画する必要がある。

2　評価をめぐる課題

　これまでの教師が直面してきた評価の課題として、下記３点が指摘されてきた。第一に、学校や教師によって評価の方針が異なり、学習改善につなげにくい。第二に、教師が評価のための「記録」に労力を割かれて、指導に注力できない。第三に相当な労力をかけて記述した指導要録が、次学年や次学校段階において十分に活用されていない。その結果、「学校や教師の状況によっては、学期末や学年末などの事後での評価に終始してしまうことが多く、評価の結果が児童生徒の具体的な学習改善につながっていない」という課題が指摘されてきた[2]。

　しかしながら、そもそも「総合所見及び指導上参考となる諸事項」など文章記述により記載される事項は、児童生徒本人や保護者に適切に伝えられることで初めて児童生徒の学習の改善に生かされるものである。年に一度作成する指導要録は、当該学年の総括的評価として位置付けられるものであり、学習そのものの改善に結び付けることは容易ではない。

　そこで、日常の指導の場面で、形成的評価として児童生徒と対話をしながらフィードバックを行う機会を充実させ、児童生徒の効果的な学習を促すことが効果的である。また、総括的評価についても、通知表といった評価結果に関して面談などの機会を通じて、児童生徒とその保護者と情報共有を充実させることで、課題が残された観点は家庭学習で

補うことが可能となる。

　現在、学校で進められている「働き方改革」の一部として、評価についても「教師の勤務実態を踏まえ、指導要録のうち指導に関する記録については大幅に簡素化し、学習評価の結果を教師が自らの指導の改善や児童生徒の学習の改善につなげる」[3]ことが推進されている。具体的には、指導要録における文章記述欄については、「総合所見及び指導上参考となる諸事項」については要点を箇条書きとするなど、必要最小限のものにとどめることが認められるようになっている。

　また、書式そのものを見直すことで、簡略化が進められている。第一に、指導要録の項目を満たすように、通知表の様式を学校で定めることである。これにより、通知表を指導要録に流用することができる。第二に、指導要録、通知表、調査書など評価に関する文書を電子化し、校務の情報化を推進することである。これにより、記述の編集等が容易になり、効率よく作成することができる。学校長及び設置者は、評価に関する校務の効率化・見直しを行い、教師が日々の指導に注力できるように後押しする必要がある。

3　日々の指導がどう変わるか

　以上を踏まえ、教師による日々の実践はどのように変わるのか。1で検討したように、単元や題材を一つのまとまりとして、3観点を評価することになる。単元で評価を計画する際には、パフォーマンス課題を取り入れることが有効である。

　本章では、小学5年生で学ぶ単元「面積」において、パフォーマンス課題を取り入れた場合を検討する。比較のため、啓林館の『わくわく算数 5年』の単元計画を検討する。資料2の左側に示したとおり、全13時間から構成される。1時間目では、長方形や正方形の面積の求め方を確認し、診断的評価を行いながら、2時間目以降の学習につなげる構成になっている。2時間目から4時間目では、三角形の面積の求め方について学ぶ。4時間目は、四角形の面積を三角形の面積の求め方を応用して求める。具体的には、対角線で分割してできた2つの三角形の底辺と高さを定規で測定し、それぞれ面積を求め、全体の面積を求める。

　5時間目、6時間目は平行四辺形の学びを通じて、分割して求める様々な方法を確認する。7時間目から10時間目では、ひし形や台形の面積を求める方法について学ぶ。11時間目から12時間目では、三角形の面積の求め方を活用して、高さや底辺を変えたときの面積の変化を考え、面積を求める計算過程から考え方を読み取る、すなわち、式の意味を考える学習が展開されている。最後に、13時間目には練習問題が設定されている。

資料2　単元「面積」（5年生）の単元計画の比較

時数	指導書	パフォーマンス課題を取り入れた学び
	授業の概要	
1	三角形や四角形の求積の学習の動機づけ 直角三角形の求積の方法【技】	パフォーマンス課題の説明 Tで長方形の面積の求め方を確認する Uで直角三角形の導入をし、直角三角形の面積の求め方を考える
2	一般的な三角形の求め方を考える【考】	一般的な三角形の求め方を考える
3	一般的な三角形の面積を公式を使って求める【技・知】	公式を使ってUの面積を求める 四角形の面積を2つの三角形で考える
4	四角形の面積を2つの三角形で考える【考・技】	
5	平行四辺形の面積の求め方を考える【考】	平行四辺形の面積の求め方を考える 公式を考える
6	平行四辺形の求積の公式を議論を通じて考える【技・知】	
7	高さが外側にある三角形や平行四辺形の面積を公式を使って求める【考・技】	高さが外側にある三角形や平行四辺形の面積を、公式を使って求める
8	台形の面積の求め方や公式を考える【技・知】	三角形の高さや底辺と面積の関係を考える
9	ひし形の面積の求め方や公式を考える【技・知】	台形の面積の求め方や公式を考える
10	練習問題	ひし形の面積の求め方や公式を考える
11	三角形の高さや底辺と面積の関係を考える【考】	Aの面積の求め方を考える
12	面積の公式に関する式を読み取る【考・技】	Kの面積の求め方を考える
13	基本の確かめ	Rの面積の求め方を考える

出典：『わくわく算数 5年下 指導書 第2部 詳説 朱註』啓林館、2009年、p.2-A、及び『別冊1 指導資料集』pp.37-38、徳島祐彌「5年生算数科『面積』におけるパフォーマンス評価—パフォーマンス課題『看板づくり』の共同開発—」『教育方法の探究』京都大学大学院教育学研究科・教育方法学講座、21、2018年、pp.29-36より作成した。また、表中の網掛け部は、共通する内容を示しており、筆者が追加した。

資料3　単元「面積」のパフォーマンス課題

> 高倉の地域には、いろいろな国の方が住んでいます。その方たちが高倉小学校に来られた時にわかるように、英語で「TAKAKURA✦」と看板をつくることにしました。ですが、色紙を何枚使えばいいかわかりません。色紙はたくさん買うと高いので、台紙に貼る色紙がどれだけ必要か計算することにしました。色紙が何枚必要かを5年2組の友達に分かるように説明しましょう。

出典：徳島祐彌「5年生算数科『面積』におけるパフォーマンス評価—パフォーマンス課題『看板づくり』の共同開発—」『教育方法の探究』京都大学大学院教育学研究科・教育方法学講座、21、2018年、pp.29-36

　教科書に沿って学習が進められる場合の評価について検討する。資料2の評価の観点を確認すると、新たな3観点の下では、1、3、6、8、9時間目が「知識・技能」に該当すると考えられる。また、2、5、11時間目は「思考・判断・表現」を、加えて、4、7、12時間目では「知識・技能」も併せて評価することになる。特に5、6時間目のように、平行四辺形の多様な分割方法を議論する過程で、複数の考え方を比較する過程で、一つの求積方法だけでなく、粘り強く複数の方法を考えたり、他の児童の考えを聞いて学

びを深めたりするような場面では、「態度」も評価することになると考えられる。

　これが、パフォーマンス課題を取り入れるとどのように変わるのか。資料２の表の右側は京都市立高倉小学校の教師と、京都大学大学院教育学研究科教育方法学講座分野の大学院生との共同研究から生まれた事例である。この事例では、資料３に示した課題が設定された。すなわち、学校生活から題材を得て、高倉小学校をローマ字にした際に登場するT、A、K、U、Rのアルファベット（曲線は、直線で近似した複合図形）の面積を児童は求めることになる。

　資料２の単元計画を見ると、全13時間のうち、１時間目において、単元の終了時点で到達すべき姿として、資料３に示された課題が説明された。すなわち、単元終了時点で目指されている学習者としての姿、学習の見通しが児童と共有されている点が大きく異なっている。加えて、Tの字を使って長方形を組み合わせた図形の面積を求める場面では、４年生の学習内容が定着しているのかについて、診断的に評価する場面となっている。その上で、直線から構成されるUに近似した複合図形が、直角三角形の求め方を学ぶ教材とされている点が異なっている。さらに、第３時から第４時にかけて、Uに近似した図形と関連付けて、一般的な三角形の面積を求める公式が学習される点も異なっている。

　他方で、第２時、第５時から第７時にかけては、教科書と同様に三角形の求積と関連付けて平行四辺形の面積を求める方法が学習されている。また、第８時では、教科書では第11時に学習する三角形の底辺と高さの関係に関する内容が三角形の面積の求積と関連付けて学習されている。さらに、第９、10時も、教科書とほぼ同様に台形やひし形の面積の求積が学習されている。このように、パフォーマンス課題を取り入れたからと言って、すべての時間が変わるのではない点に注意が必要である。

　第11時から第13時にかけて、A、K、Rを模した複合図形の面積を学習する過程で、単元の学びの振り返りが行われ、資料３に示された看板の制作に必要な計算が学習される点は大きく異なっている。

　単元の山場として最も複雑な図形に取り組む、第13時に着目しよう。資料４に示したように、図形を補って求積したのち減法によって求める（ア）、図形を分割し、それぞれの部分を加法によって求める（イ）、それぞれの計算方法を個別に課題に取り組む時間で考えた児童が現れた。この２名の児童が、グループ学習において、分け方が多くて難しいのではないか、減法を使わずに考えたほうが考えやすいのではないかと意見を交流する場面が見られた。こうした学習を経て、児童は多様な方法で面積と向き合い、どんな面積でも求められると

資料４　児童の考え方

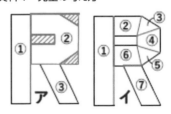

出典：徳島祐彌「５年生算数科『面積』におけるパフォーマンス評価—パフォーマンス課題『看板づくり』の共同開発—」『教育方法の探究』京都大学大学院教育学研究科・教育方法学講座、21、2018年、pp.29-36

資料5　単元「面積」にて開発されたルーブリック

		数学的な考え方	数量や図形についての技能
3		より速く正確に面積を求めるために、複雑な図形を既知の図形に見立てて分ける方法を工夫し、図に表して説明している。（徴候）台形や平行四辺形などの図形を組み合わせて面積を求めている。	説明がわかりやすいように工夫されている。（徴候）図に面積を求めるために必要な長さが記入されている。［大きく数値がずれないようにしている］
2		面積を求めるために、複雑な図形を既知の図形に見立てて分け、図に表して説明している。	面積を求めるために必要な情報が示されている。（徴候）計算式だけ書かれている。
1		【支援】複雑な図形を既知の図形に見立てて分けることができない児童には、補助線をひき、面積を求めることができるようにする。図形の面積を求めることが困難な児童や長さを測る際に手が止まってしまう児童には、側面掲示でこれまで学習してきた図形の面積の公式やどこの長さを測ると良いのかを確認することができるようにする。	

出典：徳島祐彌「5年生算数科『面積』におけるパフォーマンス評価—パフォーマンス課題『看板づくり』の共同開発—」『教育方法の探究』京都大学大学院教育学研究科・教育方法学講座、21、2018年、pp.29-36

いう自信がついたことが成果としてこの研究では示されている。

　こうした学びにおいて、児童生徒の複合図形の求積とその説明に粘り強く取り組む姿に、「思考・判断・表現」及び「主体的に学習に取り組む態度」が発揮されている。しかしながら、こうした児童生徒の姿は、正誤のように容易に評価することは難しい。こうした学習の質を捉える方法として、資料5に示したルーブリックが有効である。

　「数学的な考え方」に着目すると、尺度である3と2の違いは、速く正確にする工夫の有無や、台形や平行四辺形を用いる点にある。この点から、計算の簡便さ・正確さが算数という教科において重要な点であることを教師は平素の指導から伝えていることをうかがうことができる。

　このルーブリックにおいては、例えば3と2の違いでは、具体的な数値や表現例が明記されているわけではないため、使用するためには一定の経験や専門性が求められていると言える。このルーブリックは、教師が自分の授業で用いる、あるいは、他の教師と共有する場面での利用が想定されている。

　ここで、仮に、児童生徒も一読して違いがわかるルーブリック上の表現を修正した場合、児童生徒とルーブリックを共有することも有効である。例えば、「既知の図形」を、長方形や正方形、三角形などのように、具体的な表現に変える、「平行線や対角線で、n本以上の補助線を使って」と数値を使って具体的に明記すると、それぞれの段階の違いが明確になる。こうした具体的なルーブリックであれば、児童生徒が他の児童生徒の作品や自分の作品を評価することに用いることができる。このように、児童生徒が評価の経験を積むことで、教師による形成的評価がより効果的になるとともに、学習の途中でもルーブリックで表現されている姿と、自分の姿を児童生徒が比べて学習を自己調整することが容易となる。

　以上見てきたように、パフォーマンス課題を単元において設定することで、単元終了時点での児童生徒の姿が明確になり、観点別評価を単元の中で計画的に位置付けることができる。また、パフォーマンス課題の導入に伴って、従来の指導を捨て、全く新しい指導を行うのではない点に注意が必要である。学習者の具体的な姿から単元計画を見直し、カリキュラムを洗練させること、これが、教師個人のレベルのカリキュラム・マネジメントへとつながる。このとき、とりわけ、1（2）に挙げられているポートフォリオと組み合わせて、複数の単元で児童生徒の学習成果を蓄積することで、学期や1年間のような長期的な視点から学習の深まりが評価可能となるのである。

4　学校はどう変わるのか

　では学校は、2020（令和2）年度以降本格実施される学習指導要領の改訂に伴って、どのような対応が求められているのか。

（1）短期的なカリキュラム・マネジメント

　現在、カリキュラムのレベルだけでなく、実践のレベルとしても、新しい学習指導要領及び指導要録に対応することが求められている。3に示したような、既に行われている事例に学びながら、個々の教師とカリキュラムや評価改革の動向について、研究を通じて共有することができる。このとき2に示したとおり、働き方改革という文脈の中にあることに注意が必要である。

　管理職は校務の仕分けを進めると同時に、校内研究を通じて、学校全体として個々の教師の負担が増える内容ではなく、平素の実践を洗練する研究を推進することが求められている。

　3に示したパフォーマンス課題であれば、具体的な児童生徒の姿やそれが表現される作品（パフォーマンス）から具体的に単元やカリキュラムを構成する点が従来と異なるだけで、従来の実践を変更するよりも、洗練することが目指されている点でこうした方向性に合致する。このとき、カリキュラムの見直しを図る際には、内容に軽重をつけるなど、どこに山場があるのか、そのためにどういう課題が必要なのか、という視点からカリキュラムを見直すことが必要になる。事例に示されていたとおり、課題に取り組む時間を、単元計画において純増させることは意図されていない点に注意が必要である。

　また、ルーブリックについては、第一に、一旦作成すれば、作品が生まれる度に、必要に応じて修正を行えばよく、次年度以降の効率化にもつながる。第二に、ルーブリックを

作る際、小学校であれば学年主任を核に同じ学年の教員で集まるなど当該教科の評価に関わる教師が集団で取り組むことで、評価基準の共有につながる。評価を行った後に、結果をすり合わせ調整する必要がなくなると言える。第三に、課題ごとのルーブリックが蓄積されれば、類似した課題にも使えるような汎用的なルーブリックの作成にもつながり、他の単元や教科においても転用可能となる。

　そこで具体的な1年間の計画としては、一人一人の教師が、少なくとも年間に一つの単元でパフォーマンス課題に取り組み、ルーブックを作成するという研究が考えられる。このとき、指導案の書式として上記の方針を明記し、共有しておけば、学校全体の取組となる。また、例えば1学年3クラスから構成される、3学期制の小学校であれば、年間で三つの単元でパフォーマンス課題を取り入れた単元が生み出されることになる。これが学期ごとに取り組まれれば、通知表や指導要録のエビデンスとなるような評価結果を残すことにもつながる。

　また、児童生徒の作品とそのルーブリックがあれば、保護者にも学習の到達度を具体的に示すことができる。指導要録と同様に、通知表に示された観点別評価や評定は、学力の水準を一定程度示すことはできるものの、児童生徒の具体的な姿は捨象されてしまう。ここに数値化の限界がある。児童生徒の学習の実態と、それを評価する具体的な基準が用意されることで、学習の質について、児童生徒や保護者と共有することができる。

　以上の、取組については、研究主任が全体の計画を作成するとともに、各学年では学年主任のリーダーシップが求められることになる。

（2）長期的なカリキュラム・マネジメント

　学校において研究主任は、多くの場合、単年度だけでなく、3年程度の長期的な見通しの下で研究が進められる。そこで、（1）に示した研究を複数年度取り入れるとどうなるのか、という点から検討する。

　第一に、多くの事例が蓄積され、パフォーマンス課題やルーブリックを取り入れた実践が洗練されていく。初年度であれば、新たな理論や方法を取り入れるにあたり、教師も手探りで取り組むことになる。こうした段階では、必ずしもすべての実践が、効果を上げるわけではない。そこで、長期の取組として位置付けることによって、教師個人も、他の教師の先行事例に学びながら、試行錯誤をすることが可能となる。「主体的に学習に取り組む態度」において、学習の自己調整が含まれていることを鑑みても、教師も学習者として自らの実践について自己調整をすることが求められている。

　第二に、長期的な視点から評価をすることができる。ルーブリックは複数の教師で、実際の児童生徒の作品を用いて、協議しながら作成するため、子どもの具体的な学びの姿や評価基準を共有することができる。このとき、複数年度にわたって事例が蓄積されること

で、担当する学年の学びの姿のイメージがより具体的なものとなる。こうしたイメージを起点に、年間の評価計画や評価基準はもちろん、小学校6年間（中学校なら3年間）の指導と評価の計画として位置付けていくことが可能となる。

　第三に、児童生徒との共有が可能となる。（1）に述べたとおり、ルーブリックは一旦作ってしまえば、次年度以降は、必要に応じて修正を加えながら活用することができる。こうして、信頼できる妥当な評価基準となれば、3で述べたとおり、児童生徒と共有する可能性も広がってくる。これにより、児童生徒の学習の自己調整がより効果的なものとなる。このように、複数年度にわたる取組として、パフォーマンス課題やルーブリックを位置付けることで、より効果的な実践が生み出されることとなる。

　学習指導要領の改訂だけでなく、「働き方改革」など、現在学校は岐路に立たされている。児童生徒が新しい時代に備えて、必要な知識を効果的に学ぶことが求められているのと同様に、教師自身も自らの働き方を顧みながら、効果的に学びを深めて、その成果を児童生徒へ伝えることが求められている。教師は児童生徒にとって人生の先駆者の一人であるため、教師が学び実践に取り組む姿そのものが、児童生徒に明るい見通しをもたらすものとなることが求められている。

●注
1　国立教育政策研究所『学習評価の在り方ハンドブック 小・中学校編』2019年。
2　中央教育審議会初等中等教育分科会教育課程部会「児童生徒の学習評価の在り方について（報告）」2019年1月21日。
3　同上。

第 4 章

評価の観点を活かす
単元設計

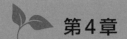

第4章

評価の観点を活かす単元設計

大　貫　　守

　「『ごんぎつね』の単元で子どもたちが主体的に学習に取り組む態度をどのように育めば
よいのだろうか」「平面図形の単元で思考力を養うためには、証明問題を解かせていれば
よいのだろうか」などの問いは学校現場で先生方の頭を悩ます一つの要因かもしれない。
学校全体の計画、もしくは学年ごとの年間指導計画を策定し、評価観点のバランスに鑑み
て、評価計画を立案した後、教師は教室レベルで評価の観点を意識して単元設計を行う。
しかし、単元設計において具体的に「知識・技能」や「思考・判断・表現」「主体的に学
習に取り組む態度」などの観点をどう位置付け、評価し、指導に活用していくことがよい
のだろうか。

　本章では、単元の指導計画を立てる上で、観点別学習状況の評価（以下、観点別評価）
の観点を活かした単元設計の在り方について考えてみたい。まず、観点別評価の観点の在
り方についてその留意点とともに検討する。次に、各観点の位置付けと指導の在り方につ
いて確認する。最後に、これらの観点を位置付けた実践を取り上げ、3観点を位置付けた
全体的な単元づくりの在り方についてその具体像を示す。

1 学力と観点別評価の観点

（1）学力における認識と情意をめぐる論点

　子どもたちが学校教育を通して身に付ける力、いわゆる学力とはどのようなものだろう
か。教育学では、戦後から学力モデルの研究が行われてきた。ここで、学力モデルとは
「教師が授業実践を行うにあたって、想定されている望ましい学力の姿であり、顕在的・
潜在的に授業実践の質を規定しているもの」（田中、1993、p.7）を指す。端的に言えば、
教育目標と目標達成に向けた指導の在り方をモデル化したものである。本章で中心的に検

討していく、指導要録にある「観点別学習状況」欄における観点も、広い意味では一つの学力モデルの要素を示しているものと言えるだろう（田中、2008）。

　だが、観点別評価の観点それだけでは、必ずしも学力モデルを提示したことにならない。なぜなら、学力モデルは他方で「教育内容を子どもたちが獲得（再創造・再構成・再発見）するプロセス並びにそれが定着した様相や構造を明らかにする」ものでもあるからである（田中、2008）。つまり、観点それだけでは、観点相互の関係や教育内容を獲得するプロセス（指導過程）が明確化されていない点に学力モデルとしての不十分さを残している。

　この点について、1989年に標榜された「新しい学力観」のもとで梶田叡一が提示した氷山としての学力モデル（図1）を例に考えてみよう。このモデルは、海面に浮かぶ氷山に学力をたとえ、水面の上に出ている部分を「見える学力」（知識や技能）、水面に沈んでいる部分を「見えにくい学力」（思考力・判断力・表現力や関心・意欲・態度）としている。

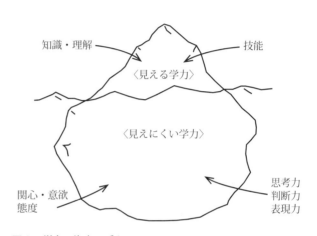

図1　学力の氷山モデル（梶田、1993、p.86）

　この学力モデルでは、次のような指導と観点の在り方が想定されている。まず能動的で体験的な学習を通して子どもたちが物事に対する実感や納得などを得る。その結果、子どもたちの粘り強さなどの態度や思考力等の「見えにくい学力」が育まれる。そして、その「見えにくい学力」が九九の計算や文字の読み書きなどの「見える学力」の習得を支える。このような形で、子どもたちが学力を身に付けるプロセスやその様相を描いている点が、このモデルが、学力モデルと呼ばれる所以である（梶田、1993）。

　急いで断っておくと、戦後日本の学力モデル論の展開を詳細に紐解いていくことが本章の目的ではない[1]。しかし、この氷山モデルに対して、知識と切離した非合理的な態度（心構え）を過度に強調する可能性を孕んでいるという批判があるように、日本では、この情意的側面、つまり態度的なものを学力の中にどのように位置付けていくのか（位置付けないのか）という点が長年の課題として積み残されてきた点をここでは指摘しておきたい。

　この認識と情意をめぐる問題は実際に授業を展開する上でも表れる。例えば、教育内容の習得と結び付かない形で情意を捉えれば、授業における挙手の回数や授業後の質問の頻度、ノートの丁寧さが評価のチェックポイントとなり、子どもたちはその規範に忠誠を誓うことが責務となる。その結果として、他方で、このような情意の側面を軽視すれば、教

科の学習を通して生き方や価値観を問い直し、人格を形成していく方向性を失い、単なる暗記型の授業や学校の枠内へと陥る危険性を内包している。

　これを避けるためにも、「認識の単なる副産物として情意を位置付ける」のではなく、「認識（knowing）の深化にとって必要不可欠な契機として」認識と情意の関係を捉え、その具体的な様相を解明することが必要となる（田中、2008、p.108）。では、具体的にどう考えればよいのだろうか。2019（平成31）年改訂の指導要録の観点別評価の観点を事例に検討してみよう。

（2）観点別評価の観点

　認識と情意の関係を考える前に、まず指導要録における観点別評価の観点について確認しておこう。2019年改訂の指導要録では、学習状況を分析的に捉えるために、これまでと同様に観点別評価を実施するものとされ、評価の観点が設定されている。各教科においては、2010（平成22）年改訂の指導要録で示された「関心・意欲・態度」「思考・判断・表現」「知識・理解」「技能」の４観点から「知識・技能」「思考・判断・表現」「主体的に学習に取り組む態度」という三つの観点へと変更がなされている（図２）。ここで、「学び

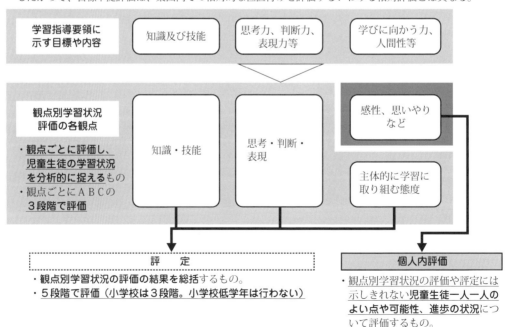

図２　学習指導要領の目標と観点別評価の観点の対応関係（一部表現を改めた）

に向かう力、人間性等」に含まれる「感性、思いやりなど」は、評定や数値による表現になじまないものとされ、観点別評価の観点からは外されているため、本章ではこれ以上立ち入らないこととする。

　これらの観点は、学習指導要領で示された目標と表裏一体の関係にある。例えば、2017（平成29）年改訂の学習指導要領では、資質・能力の三つの柱として「知識及び技能」「思考力・判断力・表現力等」「学びに向かう力、人間性等」の３点を目標として設定している。それに合わせて、2019年改訂の指導要録では、図２の目標と観点との間の対応関係が示されている。

　ここにおいても、問題となるものは「主体的に学習に取り組む態度」の位置付けである。中央教育審議会初等中等教育分科会教育課程部会が2019年に公表した「児童生徒の学習評価の在り方について（報告）」では、「主体的に学習に取り組む態度」について、「単に継続的な行動や積極的な発言等を行うなど、性格や行動面の傾向を評価するということ」ではなく、「①知識及び技能を獲得したり、思考力、判断力、表現力等を身に付けたりすることに向けた粘り強い取組を行おうとする側面と、②①の粘り強い取組を行う中で、自らの学習を調整しようとする側面、という二つの側面を評価する」（pp.10-11）と述べられている。この記述からは、認識的側面と情意的側面が切り離されていないことや主体的に学習に取り組む態度はメタ認識能力など知的な情意を指すものであることが読み取れる。

　加えて、中央教育審議会が学習指導要領の作成に向けて発表した「幼稚園、小学校、中学校、高等学校及び特別支援学校の学習指導要領等の改善及び必要な方策等について（答申）」（2016）においても、複数の観点を一体的にみとることが提言されている。これらを念頭に置けば、「知識・技能」や「思考・判断・表現」と「主体的に学習に取り組む態度」は独立して存在しているのではなく、相互に関連付けられることが企図されていると言えよう。

　では、具体的にどのような関連付けが想定されているのか。上記答申に先立つ教育課程企画特別部会の論点整理（2015）では、主体的・協働的な問題発見・解決の場面を経験する中で思考力・判断力・表現力を養うとともに、既有の知識や技能もその文脈の中で活用され、物事の深い理解や方法の熟達に至ると記されている。加えて、このような学びを推進するものが、子どもの学びに向かう力であり、実社会や実生活に関連した課題を用いて動機づけすることで、彼女・彼らの学びへの興味と努力し続ける意志を喚起する必要があるとまとめられている。ここでは、認識と情意の関係について、氷山モデルのように情意的側面が認識的側面を下支えする構造として描かれていることがうかがえる。だが、それでは再び心構え主義に陥る危険性を孕んでいるのも事実である。そこで、次節では同様の観点について認識と情意の異なる結び方を模索してみたい。

2 学力モデル研究と観点の相互関係

　学力モデルに情意的側面をどのように位置付けるのかという問いについては、これまで三つの立場から論じられてきた。まず、氷山モデルに見られるように認識的側面と情意的側面を異根のものとしつつ、後者から前者へと両者を関連付ける立場である。次に、認識的側面と情意的側面を並置し、両者が響き合いながら展開していくと捉える立場（並行説）である。そして、最後に認識的側面を十分に身に付けた結果として情意的側面が育まれるという一元論で説く立場（段階説）がある。ここでは主に、段階説と並行説について見てみよう。

　段階説は、態度主義を鋭く批判し、態度から認識へという回路ではなく、認識から人格へという道筋で情意と認識の関係を一元的に捉える考え方である。段階説では習得した知識や方法などの認識的価値が子どもに十分にこなされた習熟の段階として人格的価値を置く。ここでは、学力の基本性を意味する習得と発展性を意味する習熟という言葉で教育内容を獲得する段階を区別している。その上で、習熟の段階には情意的側面を内包しつつも、習得過程では情意を位置付けないことで、態度主義と明確に線引きをしている点に特徴がある。

　他方で、並行説の立場では、情意を認識と並行して発達するものとして考える。そこでは、子どもに概念が習得される段階と行動の統制や興味といった情意が養われる段階が対応するといった形で相即関係として描かれる。ここでは、段階説では描かれなかった習得過程における情意的側面の発達に目を向け、情意を認識の形成に不可欠な要素として捉えている。さらに、単なる子どもの心構えとして情意（入口の情意）だけではなく、教育内容の習得を通して育まれる子どもの人格やメタ認知機能（出口の情意）へと転嫁するような知的な態度を情意的側面の到達目標として段階説における習熟と同様に位置付けていた点に特徴がある。

　この段階説や並行説の両者を止揚しつつ、先の指導要録改訂にも関わった石井英真が提唱しているものが、表1の学力モデルである。表1は石井が提案する学力モデルについて教科の指導に関わる部分のみを抜粋したものである。このモデルは、目標の柱として、知識と認識の方法、さらに情意がそれぞれ応答し合いながら発揮、獲得されていく様相を描いている。加えて、表1ではそれらの要素と指導要録の観点との対応を示している。

　具体的に見てみよう。例えば、算数の九九は基礎的な技能であり、反復練習を通して記憶と再生が繰り返され、手早く正確に発揮できるようになる（「知識・技能」）ことで自己効力感を生み出す（入口の情意）。他方で、プロジェクト型の学習では、協働的な探究が

行われ、エネルギーなどの教科固有の知識や方法を用いて知的に問題解決する力を身に付ける（「思考・判断・表現」）。その中で、科学とはどんな学問であるのかなどといった教科観が育まれていく（出口の情意・「主体的に学習に取り組む態度」）。このように表1のモデルでは、それぞれの柱が響き合いながら学習が展開し、そこで示された内容が獲得される。

　このモデルでは、並行説と同じく情意的側面と認識的側面を並置している。しかし、そこでは情意的側面が非連続的一元論として説かれ、入口の情意と出口の情意が区別されている。つまり、単純な即応関係として認識と情意を捉えるのではなく、他方で段階説のように指導過程における情意を蔑ろにするのでもなく、習熟を通して認識的側面から情意的側面に至る回路を残しつつも、認識の重要な契機として情意を位置付けている。これにより、完全な二元論に陥ることを避けつつ、情意と認識の内的関係を示している。加えて、この中では教師の指導の結果として育まれる出口の情意のみを観点として設定している。これにより並行説と段階説の両者を統一する学力モデルを示唆していると言える。

　さらに、この学力モデルは学習活動の在り方をも提案するものである。表1が示すプロジェクト型の学習では、課題の解決に向けて必要な知識や技能を自分自身で見極め、自己調整し、それを活用することが求められる。そのような文脈に依拠した切実な活動の中で知識・技能や知的・社会的スキルを用いることで、それらの意義を理解し、適切な文脈で発揮することできるようになる。このように三つの要素が響き合う学習をこのモデルは提案している。では、具体的にどのような学習活動が展開されるのか。具体的な単元に即して見てみよう。

表1　観点別評価の観点を位置付けた学力モデル（石井、2019、p.19を一部修正）

能力・学習活動の階層レベル（カリキュラムの構造）		資質・能力の要素（目標の柱）			
		知識	スキル		情意（関心・意欲・態度・人格特性）
			認知的スキル	社会的スキル	
教科等の枠づけの中での学習	知識の獲得と定着（知っている・できる）	事実的知識、技能（個別的スキル）	記憶と再生、機械的実行と自動化	学び合い、知識の共同構築	達成による自己効力感
	知識の意味理解と洗練（わかる）	概念的知識、方略（複合的プロセス）	解釈、関連付け、構造化、比較・分類、帰納的・演繹的推論		内容の価値に即した内発的動機、教科への関心・意欲
	知識の有意味な使用と創造（使える）	見方・考え方（原理と一般化、方法論）を軸とした領域固有の知識の複合体	知的問題解決、意思決定、仮説的推論を含む証明・実験・調査、知やモノの創発（批判的思考や創造的思考が深く関わる）	プロジェクトベースの対話（コミュニケーション）と協働	活動の社会的レリバンスに即した内発的動機、教科観・教科学習観（知的性向・態度）

観点のつながりを意識した単元設計の在り方

　本節では、観点のつながりを意識した単元設計の在り方について、小学校5年生の「ものの溶けかた」の単元を事例に考えてみたい。これは、2017年に京都教育大学附属桃山小学校の長野健吉教諭（当時）が行った実践である。この単元では、いかに効率よくおいしい塩を作ることができるのかということを追求するプロジェクトに子どもたちは取り組む。単元における主な学習活動と評価の観点は表2のとおりである。

　単元では、プロジェクトで掲げられた課題の解決に向けて、必要な知識や技能を子どもたちが習得していく。具体的には、溶けることの意味（見えないほど小さな粒になり、均一

表2　「ものの溶けかた」の学習活動と評価の観点（筆者作成）

時	主な学習活動	評価の観点
1	プロジェクトの課題の提示 身近な物質（塩・砂糖・米・小麦粉）を水に入れ観察することで溶けるということの意味を学ぶ	○知識・技能
2 3	食塩水に食塩が存在することを検証する実験を行う中で ・上皿天秤と電子天秤の使い方と互いの長所と短所 ・水溶液の重さは溶質と溶媒の和になる（質量保存） ・ものは水に溶けてもなくならないということ　を学ぶ	○知識・技能 ○思考・判断・表現
4	焦がしたカルメ焼きを水に溶かし、観察する中で水溶液の透明性・均一性（粒子モデルを用いる）　を学ぶ	○知識・技能
5 6 7	一定量（50mL）の水に食塩を溶かす実験を行う中で ・メスシリンダーの使い方 ・一定の量の水に溶ける食塩の量には限りがあること　を学ぶ	○知識・技能 ○思考・判断・表現
8 9 10 11	「水に溶けるものの量は何によって決まるのか？」という問いに、予想を立て、検証実験を行う中で、 ・一定の量の水に溶けるミョウバンにも限りがあること ・溶け残ったものを溶かすには、水の量を増やしたり、温度を上げたりすればよいこと（条件制御を用いる）　を学ぶ	○知識・技能 ○思考・判断・表現 ○主体的に学習に取り組む態度
12 13	再結晶したミョウバンを取り除く実験を行う中でろ過の仕方（粒子モデルを用いる）　を学ぶ	○知識・技能
14	ろ液中のミョウバンの有無を確かめる実験を行う中で ・蒸発乾固の仕方（粒子モデルを用いる） ・水溶液の性質と結晶の取り出し方（冷却・溶解度曲線）　を学ぶ	○思考・判断・表現
15 16	効率よくおいしい塩を作る方法について考える中でこれまでの学習成果を組み合わせて問題を解決する ・水溶液の濃度と再結晶で生成する物質の量の関係 ・異なる純物質を分離する方法　を学ぶ	○思考・判断・表現 ○主体的に学習に取り組む態度

に拡散していること）やメスシリンダーや天秤、ろ過装置の使い方、グラフの書き方や読み方、溶媒と溶液、温度の関係などを習得していく。特に、単にろ過や蒸発乾固の方法を教えるのではなく、ろ過の原理を、ものが溶けている状態とろ紙の仕組みとを結び付けて考えさせたり、温度と溶媒と溶液がどんな関係にあるのか、グラフから推察させたりして、きちんと根拠として使えるようその手続きの意味の次元まで含めて獲得させている。

　ここでは、1時間に1観点とするだけではなく、複数の時間で1観点を見取ったり、単元末に典型的なように複数の観点を結び付けて目標を設定したりする形で単元が構想されている。例えば、15時間目と16時間目は2時間続きの授業で構想されているが、その中では、「思考・判断・表現」と「主体的に学習に取り組む態度」の二つの観点が接合することが企図されている。そこでは、次に述べるように学習したことを塩づくりに生かして問題解決に取り組む中で、これまでの学習を関連付けたり、推論したりする。その結果として、教科の意義や見方といった知的な情意を育むことが意図されている。このように15時間目と16時間目がまさに単元設計の中心部分に位置するものであると言える。

　この15時間目と16時間目に行う学習活動がおいしくて効率的な塩づくりである。一見すると、海水を蒸発させれば塩を作ることができるので、この課題は何ら難しいものではないと思われるかもしれない。しかし、この塩づくりには大きく二つのポイントがある。一つは効率よく塩を作ること、もう一つがおいしい塩を作ることである。この2点は、実際に日本において塩を作る上でも、歴史的に重要な課題となってきたものである。

　本単元では、この2点を子どもたちに強調するために、無人島という限られた資源しか使うことができないような文脈を設定している。この中で、大人と同様に既有の知識や技能を働かせてプロジェクトで掲げられた問題の解決を行う。それにより、実社会の文脈で発揮されるような知識や技能を身に付けていくのである。

　しかし、どうして効率性とおいしさの追求が、ものの溶け方の学習とつながるのだろうか。まず前者について、一般的な海水の塩分濃度が約3％から4％である。この場合、100gの海水を蒸発させても3gから4gの塩しか得られない。これでは、海水の蒸発に必要な資源や労力とその成果が釣り合わない。そこで、現実の塩づくりでは、日光から得られる熱を活用した入浜塩田や風による乾燥の効果を利用した流下式塩田を用いることで、海水中の塩分濃度をまず高める。その上で、そこで得られたかん水（17％から18％の海水）を蒸発させて塩を生成してきた。ここでは、ものの溶け方の学習の中でも、溶液の濃度と析出する物質の関係について、これまでの学習と結び付けて考察する力が問われる。

　15時間目の授業では、まずこの効率性について考えることから始まった。この学校の児童は、5年生の夏休みに京丹後市に臨海学習に赴く中で、干してある水泳補助具等に食塩が付着していることを発見していたので、海水を蒸発させればよいという発想はすぐに出てきた。しかし、効率よく大量に作るにはどうしたらよいのか考えていく中で、少しず

つ蒸発させればなどと熱し方に固執する一方で、なかなか濃度には目が向かない状況が続いた。

　そのときに、海水の染み込んだ海藻を海水で洗い、燃やすことで多くの塩を作り出せると発言する児童が登場する。先の入浜塩田や流下式塩田が作られる前には、まさにそのような海藻を燃やすことで塩（藻塩）を得る方法が普及していたことを長野先生は教材研究を通して掴んでいた。そこで機転を利かせて、藻塩の生成時に起こっていることを既有知識やモデルを用いて推論させ、他の児童の発言を紡いでいった。その中で、徐々に濃度の問題として考えるようになり、濃度を高めた食塩水を用いればよいという結論に達した。

　続く16時間目には、17%のかん水を熱し、長野先生が児童の目の前で塩を作った。しかし、そこで得られた塩を舐めると苦みがあると長野先生から児童に告げられる。そこで、児童は、その苦みの原因を調べる。その結果、苦味の原因はにがり（塩化マグネシウム）が含まれていることに由来するものだと発見する。ではこのにがりをどう除去したらよいのか、それが児童の次の学習課題となった。

　ここで、児童はにがりの性質について調べる。すると、にがりは授業で取り上げたミョウバンと同様に温度によって溶解度が変化する物質であることを児童は突き止める。他方で、食塩とミョウバンを対比したときに、食塩は温度によって溶解度がほとんど変化しない物質であるということを学んでいることを想起する。それらを関連付けて、温度が高い状態で水分が残っているのであれば、温度の面からも、性質の面からもまず塩が出てくるということを、データをもとに導き出す。加えて、にがりが溶けている状態であれば、ろ紙を通過するので、生成した固液混合物をろ過すればにがりは下に落ち、食塩のみを取り出せると対話をもとにクラス全員で推論したのである。

　実際の塩づくりの歴史においても、このにがりの除去が課題となってきた。その中で、児童が考えた方法と同様に、釜で煮た塩を水分が残った状態で、すのこの入った箱に入れ、いわゆるろ過をすることでにがりを取り除く方法を編み出してきた。児童は最後に、現実世界で伝統的に行われている塩づくりの様子を動画で見る。そこでは、入浜塩田の仕組みの中に砂と塩の結晶を分離するための技術としてろ過があり、まだ水分が残った状態で塩を取り出している姿を垣間見る。そのときに、児童の口からは「昔の人の技術ってすごい」「塩づくりの技術の中に科学がある」といった言葉が零れ落ちていった。

　ここで、子どもたちの（最後の）発言は一つの日本の科学技術観に迫るものであった。欧米諸国の科学と異なり、日本では昔から自然科学の研究がそれ独自ではなかなか進展してこなかった。欧米諸国においては、科学の応用が技術であると位置付けられているように、まずは科学があり、次に技術があるという形で捉えられていた。しかし、日本においては先の塩づくりに見られるように、技術の進展の中に科学の発展があった。

　付言すれば、人間は古くから物質に固有の性質を利用することで必要なものを取り出し

て、分析したり、生活に活用したりしてきたという科学（化学）や技術の歴史がある。例えば、鉄鉱石から鉄を取り出す際に用いられた「たたら製鉄」などはその一例と言えよう。このような学習を通して、認識を深めることで、科学と技術の関係を捉え直したり、生活と科学を結び付けて考えたりすることで一つの科学や技術に対する見方を養うことができる。そして、それは科学や技術に対する向き合い方や学習への取り組み方を変容し、日常生活を捉え直し、進展させる契機ともなるだろう。

　長野先生の単元設計では、日々の知識・技能の習得と思考力が発揮される場面が有機的に関連付けられていた。そこでは、単に知識を暗記することに終始するのではなく、それを基礎としてろ過の仕組みを考えたり、未知の状況に適用したりする学びが組み込まれていた。そのような学びが身に付いた結果、子どもたちの日々の生活や自然現象を捉える目が育ち、科学に対する見方や考え方を形成し、まさに人格（知的情意）が涵養されるといった形で観点が相互に響き合う学びが展開されていた。

おわりに

　観点を活かした単元設計を行う場合には、観点に内包されている情意的側面と認識的側面の相互の関係をどのように位置付け、どのような形で育んでいくのかということが課題となる。本章では、まず情意的側面を入口の情意と出口の情意に分け、両者を非連続的なものとして接続する立場を取った。その上で、認識的側面を十分に身に付けた結果として情意的側面（出口の情意）が育まれるという考え方を念頭に、単元設計の在り方を論じてきた。そこで想定されていた認識と情意の相互関係は、基本的な知識や技能の習得と状況に応じたそれらの知識や技能の活用とを往還しながら認識を深めていくとともに、最終的に情意を形成する教科の根底にある教科観や学問観を身に付けていくというものであった。加えて、指導過程において実際に教科固有の認識のプロセスを辿る中で、対象について解釈したり、推論したり、共同体内で議論をしたりする。それにより、認識的・社会的スキルを育むことを企図していた。

　しかしながら、本章で見てきた学力は、あくまで一つの捉え方であり、戦後の学力モデル研究が物語るように、学力というものの在り方は必ずしも一元的に描かれ得るものではない。むしろ、認識的側面と情意的側面の関係のみに焦点化したとしても、そこで表現され得る学力の様相は多岐にわたるものである。それを念頭に置けば、現在学校で用いられている観点別評価の観点やその相互関係を絶対視するのではなく、むしろ各学校が掲げているミッションや学校の抱える状況、教職員の願いをもとに学力を構成する要素や様態について話し合うことも必要であろう。また、たとえ所与の観点であったとしても、その要素の関係性や単元設計や指導の在り方について議論したり、合意形成をしたりしていくことで、各教員がその（目指すべき目標の）内実をより一層豊かなものにしていくことも単

元設計の重要な要因となり得るだろう。

●**参考文献**
田中耕治「学力モデル再考」『授業の探究』4、1993年、pp.7-22
田中耕治『教育評価』岩波書店、2008年
梶田叡一『教育における評価の理論Ⅰ　学力観・評価観の転換』みすず書房、1993年
石井英真「学力議論の現在」松下佳代編『新しい能力は教育を変えるか』ミネルヴァ書房、2010年、pp.141-178
石井英真「新指導要録の提起する学習評価改革」石井英真・西岡加名恵・田中耕治編『小学校 新指導要録改訂の
　　ポイント』日本標準、2019年、pp.16-23
西岡加名恵『教科と総合学習のカリキュラム設計』図書文化社、2016年
樋口とみ子「学力問題と学力論」田中耕治編『戦後日本教育方法論史』ミネルヴァ書房、2017年、pp.127-146

●**注**
1　戦後の学力モデルの展開は石井（2010）、西岡（2016）や樋口（2017）を参照。

第 5 章

評価の観点を活かす
指導案づくり

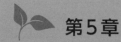

評価の観点を活かす指導案づくり

小 山 英 恵

評価の観点を活かす指導案作成の考え方

　学習指導案（以下、指導案と記す）とは、授業実践前に当該単元の授業を構想し、一定の書式上に記したものである。指導案作成の要となるのは、目標を明確化し、その目標に子どもたちが到達していくことを示すような教材、学習形態、教授行為、評価等を考えていくことである。評価の観点を活かす指導案作成の考え方は、授業実践のプロセスにおいて子どもの学習状況（＝目標への到達度）を適切に把握する評価の在り方とその指導への生かし方を授業実践前に十分に構想することによって、育成すべき資質・能力をすべての子どもたちに確実に身に付けさせようとする学力保障の立場に立つものである。

　指導案の作成の際に考えなくてはならない評価の機能には、診断的評価、形成的評価、総括的評価の三つがある。診断的評価とは、単元の開始前や開始時にこれから学習する内容に関する子どもたちの学習状況を把握して指導に生かすものである。例えば、子どもたちの学習内容に対する関心が薄い場合に興味を持たせるような導入を工夫したり、新たに学習する内容の基礎となる既習事項が身に付いていない場合には補習を行ったりする。形成的評価は、単元の途中で学習状況を見取り必要に応じて教育改善を行うものである。それは、単元の途中で行われるミニテスト等の特別な機会を指すだけでなく、むしろ通常の授業における学習活動（学習課題への取組）での見取りとそれに基づく支援を意味する。授業時の子どもにとっての学習課題は、教師にとって形成的評価のための評価課題を意味しているとも言えよう。総括的評価は、単元末に評価課題を課し学習の終わりに目標への到達度を見取るためのものであり、また、新たな実践に向けて指導を改善するための教師自身の省察に結び付くものである。

　評価の三つの機能のうち、特に学習のプロセスを創りあげる指導案作成において注目したいのは形成的評価である。2019（平成31）年改訂の指導要録においては、学習評価が「教師が自らの指導のねらいに応じて授業の中での児童生徒の学びを振り返り学習や指導

の改善に生かしていくというサイクル」[1]の中に位置付けられており、授業の中で指導に生かす評価としての形成的評価がいっそう重視されていると言える。またこのことに関連して、観点別学習状況の評価の記録に用いる評価（総括的評価）については、原則として単元や題材等のまとまりごとにその到達状況を把握するにとどめ、日々の授業においてはあくまで学習状況の把握と指導の改善に生かすことに重点を置く必要があることが強調されている[2]。指導案作成にあたっては、授業の各場面で学習状況を把握する方法とそれに基づいて行う支援の方法について十分に構想すること、すなわち子どもたちに身に付けさせたい力を確実に身に付けさせるための指導に生かす形成的評価の在り方を明確化しておくことが特に重要となる。以下、このことを念頭に置きながら、評価の在り方について具体的に見ていこう。

2 評価の各観点に対応する評価方法

　2017（平成29）年改訂の小・中学校学習指導要領においては、目標及び内容が、「知識及び技能」「思考力、判断力、表現力等」「学びに向かう力、人間性等」の資質・能力の三つの柱のもとに再整理された。これを受け、2019年改訂の指導要録においては各教科等の評価の観点が、資質・能力の三つの柱に対応するかたちで「知識・技能」「思考・判断・表現」「主体的に学習に取り組む態度」の3観点に整理されている。したがって、指導案作成においては、基本的に目標に包含される資質・能力の三つの柱に評価の観点を対応させて、評価の規準と方法を考えていくことができる。そこでまず、評価の各観点の特質と、それらの特質に対応する評価方法について見ていこう。

（1）「知識・技能」と「思考・判断・表現」

　「知識・技能」の観点に関して着目したいのは、この観点がいわゆる個別の知識や技能を身に付けるというだけではなく、個々の知識や技能を関連付けたり知識や技能を生活場面で活用したりすることができるような概念的理解を含むことである。例えば、「三権分立の三権を答えられる」だけではなく、「三権分立が確立していない場合、どのような問題が生じるのかを説明できる」ことが求められる[3]。
　「思考・判断・表現」は、知識や技能の習得とその概念レベルの理解を基盤として、それらを活用して課題解決等を行うための思考力・判断力・表現力を見取る観点である。例えば、「三権分立という観点から見たときに、自国や他国の状況を解釈し問題点等を指摘できる」[4]といったことが求められる。実生活や実社会において知識や技能を活用するた

資料1 「知の構造」と評価方法の対応[5]

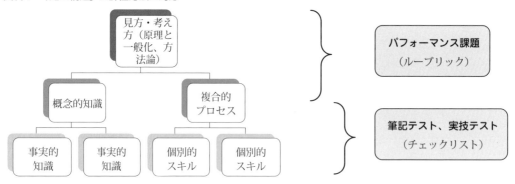

めの「思考・判断・表現」の力は、教科等の教育と実生活や実社会をつなぐものとして各教科等の本質に位置付けられている「見方・考え方」を働かせながら発揮されるものである。

　資料1は「知の構造」と評価方法の対応を示したものである。「知の構造」とは、知識の深さやスキルの複合性の相違を示すものである。この図において、「知識・技能」の観点のうち、個別の知識やスキルを習得するレベルの学力は「事実的知識」や「個別的スキル」に、概念理解の学力は「概念的知識」や「複合的プロセス」に相当し、「思考・判断・表現」の観点は「見方・考え方（原理と一般化、方法論)」に相当する。

　個別の知識や技能については、単元の途中や単元末において、個別の知識を確認する筆記テストや、タンギングやドリブルの実技テスト等を実施することで学習状況を把握できる。また、学習活動の際には教師が知識の意味や技能のコツを踏まえて学習状況を適切に把握し支援していくことが肝要となる。そのようにすることで、より豊かな学習をもたらすだけでなく、例えば暗記や技能の身体化のために行われる漢字練習や発声練習といった繰り返しを含む学習活動の際に子どもが誤った反復を続けることを避けることができる。

　「知識・技能」における概念理解の見取りに関しては、教科等の特質及び知識の深さやプロセスの複雑さの程度に応じて多様な評価方法を活用することが考えられる。例えば、知識どうしの関連を説明させる自由記述問題や概念マップ等の作成、理科の観察や実験の基本的な手続きの実演、また実際に知識や技能を活用する場面を取り入れることも考えられる。単元末においても単元途中の学習活動においても、このような課題における子どもの発言や記述（描画）、実演から学習状況を把握し、支援することができる。

　「思考・判断・表現」については、パフォーマンス課題によって見取ることが考えられる。パフォーマンス課題とは、ある条件や文脈のもとで複数の知識や技能を活用させることを求める課題であり、知識や技能をどのように活用したのかについての説明や発表から、論文作成、作品制作、楽曲の演奏、実験や観察による問題解決やスポーツの試合等ま

で、知識や技能を活用する複雑さの程度によって様々な課題がある。パフォーマンス課題は、単元末や複数の単元の終わりに学習の到達点として設定することもできるし、単元の途中で「思考力・判断力・表現力等」に相当する内容を学習する際に学習課題として実施することもできる。いずれの場合も、各教科等の「見方・考え方」を働かせながら、特定の課題や文脈において、子どもたちが対話、協働しながら、知識や技能を活用させ、各教科の特質に応じた思考・判断・表現の筋道を実際に辿っていくことができるような授業を構想するとよい。それは、「主体的・対話的で深い学び」（アクティブ・ラーニング）をもたらす授業計画となる。

　なお、筆記テストや実技テストではできたかできないかを判断するためにチェックリストを用いることができるが、パフォーマンス課題の場合には、いくつかのレベルの尺度（1〜5など）と各レベルのパフォーマンスの特徴を記述した評価指標であるルーブリックを使用して見取ることが必要となる。ルーブリックは、例えば2のレベルのパフォーマンスが見られる子どもにどのような支援を行うのかを考える際に、3のレベルの評価指標を参照するといったように、形成的評価に生かすことが大切である。資料2は、中学校社会科の単元「近現代の日本と世界」のパフォーマンス課題とルーブリックの例である。

資料2　単元「近現代の日本と世界」のパフォーマンス課題とルーブリックの例[6]

○パフォーマンス課題　「国際シンポジウムで提案しよう！」

> 　あなたは、平和を守るための調査や研究をしている政治学者です。ところが、20世紀の初めから世界のいろいろなところで戦争が起こるようになりました。第一次世界大戦、第二次世界大戦と規模が大きく犠牲者も多く出た戦争が二度にわたり起こったため、世界に向けて「なぜ戦争が起こるのか？　どうすれば戦争を防げるのか？」について提言するレポートを作成することになりました。
> 　その前に、関係したそれぞれの国の研究者とシンポジウムで意見交換することになります。あなたもそのメンバーとして世界平和に役立ち、「なるほどなあ……」と思わせることができるような発言をしてください。

○ルーブリック（1〜5の尺度からの抜粋）

4	なぜ戦争が起こるのかについて時代の流れと当時の状況を把握して具体的に語られている。 　どうしたら平和を保てるかについて戦争の原因から導き出して関連づけて主張をしている。経済、民族・宗教、条約・同盟、政治など、複数の事がらを総合的に関連づけて主張している。主張に必要な資料やデータを用いて効果的に活用している。事実の解釈の仕方は完全である。
3 （合格）	なぜ戦争が起こるのかについて時代の流れと当時の状況を把握した具体的な例が書かれている。戦争が起こる原因について経済、民族・宗教、条約・同盟、政治など、いずれかについて史実にもとづきはっきりとした主張をしている。 　どうしたら平和を保てるかについて主張している。ただし、主張に必要な具体的な資料やデータが少ないか扱い方がやや浅い。
2	主張はあるが、根拠になる史実のおさえが弱い。または取り上げた史実の解釈に誤りがある。史実を取り上げて説明しているが、主張は感想にとどまっている。

（2）「主体的に学習に取り組む態度」

　「主体的に学習に取り組む態度」の観点には、上述の二つの観点に関わる資質・能力（「知識及び技能」「思考力、判断力、表現力等」）を身に付けるための学習に向けた「粘り強い取組を行おうとする側面」と、その中で「自らの学習を調整しようとする側面」という相互に関わり合う二つの側面が含まれる[7]。この観点については、挙手の回数やきちんとノートをとっているかなどの態度に基づいて評価するのではなく、あくまで学習活動の中で、「知識・技能」「思考・判断・表現」の観点との関連において、その取組の様相を見取る必要がある。

　この観点には、「自らの学習を調整しようとする側面」が含まれているため、学習活動に自己評価（学習としての評価）を位置付けることが大切となる。具体的には、授業のまとめとして学習を振り返る活動や、主体的協働的な学びの中で自らの学習を自己調整する機会を位置付けることが考えられる。それは、「主体的・対話的で深い学び」の中で、この側面を評価していくことを意味する。例えば、表現を工夫して楽曲を演奏することを求める学習課題（パフォーマンス課題）において、課題を遂行する過程で、自らの演奏を録音したり他者の演奏を聴いたりして表現の工夫のヒントを得たりしながら、自らのパフォーマンスを客観化、相対化し、洗練するための機会と時間を確保する、といったことが考えられよう。このような活動において、「思考・判断・表現」の観点とあわせて、この「主体的に学習に取り組む態度」の観点に関する見取りを行うことが可能である。

　ところで、評価の各観点による見取りに加えて、観点には示しきれないものについては個人内評価を行っていくことも忘れてはならない。資質・能力の三つの柱のうち「学びに向かう力、人間性等」には、観点別評価によって見取ることのできる「主体的に学習に取り組む態度」だけではなく、観点には示しきれない「感性、思いやりなど」が含まれている[8]。例えば、上述の演奏課題において、授業中の子どもの発言や記述などに現われる子ども一人ひとりの豊かな感性を教師が積極的に見出し、価値づけ、授業における指導言やワークシートへのコメント等によって子どもたちに伝えていくといったことが考えられる。

3　指導案例

　指導案作成にあたっては、評価の各観点が単元の内容の中で構造的に結び付いていることを理解しておくとよい。「知識及び技能」の理解に基づいてそれらを活用し、「思考力・

判断力・表現力等」を働かせて課題解決を行い、その活動は常に「学びに向かう力、人間性等」に支えられている、といった具合である。このような各資質・能力のつながりを意識することで、「前時で学習した知識は実生活の中でこのように生かすことができる！」というような学習内容の有意味な理解をもたらす単元を構想することができるとともに、毎回の授業で三つの観点すべてを評価する必要はないことが見えてくるであろう。以下、各観点の評価が単元や本時の展開の中にどのように位置付けられるのかについて小学校第4学年算数科の「面積」の単元を例に考えていこう。この指導案例は、京都市立高倉小学校（以下、高倉小と記す）における実践[9]を基盤として筆者が一部加筆修正したものである。

（1）単元のねらいと概要

2017（平成29）年改訂学習指導要領算数科第4学年におけるB「図形」の内容、〔数学的活動〕、及び算数科において働かせる「数学的な見方・考え方」（「事象を数量や図形及びそれらの関係などに着目して捉え、根拠を基に筋道を立てて考え、統合的・発展的に考えること」[10]）と、2019（平成31）年改訂の指導要録の観点を踏まえて、単元の目標及び評価規準を資料3のように設定することができる。

高倉小の実践における単元計画は資料4のとおりである。単元の前半で面積の単位や概念と測定の意味を理解する学習に取り組んだ後、単元の後半では、面積の単位や図形を構成する要素に着目して図形の面積の求め方を考えること、及び面積の単位とこれまでに学習した単位との関係を考えることに取り組む単元計画となっている。

資料3　単元の目標と評価規準の例（筆者作成）

○**単元の目標**
　　正方形及び長方形の図形について、量感を捉えながら面積の単位や概念と測定の意味を理解し、面積の単位や図形を構成する要素に着目して図形の面積の求め方を考えること、及び面積の単位とこれまでに学習した単位との関係を考えることができるとともに、面積の求積公式を生活に活かそうとする。
○**評価規準**
【知識・技能】
・面積の単位（平方センチメートル（㎠）、平方メートル（㎡）、平方キロメートル（㎢））を知り、面積は1㎠のいくつ分という考え方で表すことを理解している。
・正方形及び長方形の面積の計算による求め方について理解している。
【思考・判断・表現】
・面積の単位や図形を構成する要素に着目し、図形の面積の求め方を考え、表現している。
・面積の単位とこれまでに学習した単位との関係を考え、表現している。
【主体的に学習に取り組む態度】
・面積の求め方を考え、表現する学習に主体的・協働的に粘り強く取り組んでいる。
・求積公式の有用性に気付き、生活や学習の中で様々な図形の面積を求めようとしている。

資料4　単元計画[11]

時	学習課題	学習内容
1	どんな方法で比べられるかな。	2枚の紙を重ね合わせたり、マス目の数を比べたりして広さ比べをすることにより、広さを数値化しようとする課題をつかみ、学習計画を立てる。
2	広さ比べをしよう。	面積の単位㎠を知り、1㎠がいくつ分かを数えて面積を求めたり、決められた面積の図形を作図したりする。
3	広さを計算で求める方法を考えよう。	1辺に1㎠が並ぶ数に着目して、長方形や正方形の面積の求積公式を考える。
4	辺の長さを求めよう。	求積公式を使って、面積から辺の長さを求める。
5	もっと広い面積を求める方法を考えよう。	新しい単位㎡の必要性を知り、1㎡の広さを理解した後、1㎡を単位として理科室（長方形）の広さを求める。
6	理科室前廊下の面積を求める方法を考えよう。	理科室前廊下（複合図形）の面積の求め方を考え、その際に測定する箇所とそのわけを考える。
7	理科室前廊下の面積を測定し、理科室の広さと比べよう。	考えた測定箇所の長さを測り、理科室前廊下の面積を測定し、理科室の広さと比べる。
8	1㎡は何㎠になるのか考えよう。	1㎡は1㎠のいくつ分かを作業的な活動を通して表す。
9	大きな土地の面積を表す方法を考えよう。	もっと広い広さ（学校の敷地の面積や校区の面積）を表すために、aやhaの単位を知り、面積を求め、㎡との関係を考える。
10	中京区の面積を求めよう。	さらに広い広さ（中京区の面積）を表すために、㎢の単位を知り、面積を求め、㎡との関係を考える。
11		単元のまとめ

（2）単元計画における評価の各観点の位置付け

　単元の導入では、身近なものの広さ比べを行うことで（第1時）、本単元での学習の基礎となる既習事項である直接比較、間接比較、任意単位による測定の習得状況について診断的評価を行うことが考えられる。

　面積の単位や長方形及び正方形の求積公式を学習する第2〜5時は「知識及び技能」を内容としている。一方、複合図形の求め方を考えて測定する第6、7時、及び面積の単位とこれまでに学習した単位との関係を考える第8〜10時は「思考力・判断力・表現力等」の内容に相当する。したがって、基本的に第2〜5時の学習においては「知識・技能」及び「主体的に学習に取り組む態度」の観点、第8時以降は「思考・判断・表現」及び「主体的に学習に取り組む態度」の観点を中心として形成的評価を行っていくことができる。

　「知識及び技能」の内容を学習する際には、面積の公式を覚えさせるといった学習ではなく、広さ比べの活動を通して「面積は1㎠のいくつ分かを考えることで表せる」ということを実感させた上で（第2時）、「1辺に1㎠が並ぶ数に着目して、長方形や正方形の面

資料5　パフォーマンス課題[12]

> 　11月の「スマイル高倉」で保護者の方が行う「おもしろ科学実験＆工作」のコーナーを、理科室にするか、理科室前の廊下にするか、担当者の方が迷っています。いっぱい人が入ってほしいから、広い方でしたいそうです。でも先生は、どちらが広いかわかりません。そこで、理科室と理科室前廊下、どちらが広いか求めてください。

積の求積公式を考える」活動を行っている（第3時）。このような活動での発言や記述から、「知識・技能」の観点における面積の概念理解に関する学習状況を把握することができる。

　また、この実践では、1㎡を単位として広さを求める第5時、及び複合図形の面積を求める第6、7時に、子どもたちの生活の場である教室や廊下の広さを測定することを求めるパフォーマンス課題（資料5）を取り入れている。理科室は長方形で、理科室前廊下はL字型の複合図形である。特に第5時までに学習した知識を活用して複合図形の面積の求め方を考え、図や式、言葉を用いて説明する第6時を中心として、「思考・判断・表現」の観点の見取りとそれに基づく支援を行うことができる。

　面積の単位とこれまでに学習した単位との関係を考える第8時においては、「1㎡の中に1㎠はいくつ入るかな」という学習課題に取り組ませる。この課題のねらいは、「1m＝100cmで、1㎠が縦に100個、横に100個並ぶから、100×100で10000個と、既習の学習内容を生かして説明できること」[13]である。この記述を評価資料として、「思考・判断・表現」の観点の学習状況の把握と指導の改善を行うことができる。また、この課題において「思考・判断・表現」の観点を見取るなかで、「知識・技能」の観点をあわせて見取ることもできる。例えば、「1㎡の中に1㎠はいくつ入るかな」という学習課題における子どもの記述からは、学習したことを使えているが用語の使い方が不十分であることや（長さ×長さ、と記述している等）、用語を正しく使えていないこと（正角形といった言葉を使用している）を見取ることができた。そこから、「知識・技能」の観点に関わる指導につなげることができる。

　「主体的に学習に取り組む態度」の観点については、特に上述のパフォーマンス課題や第8時の課題等における主体的・協働的な学習の場面において、考えたことの記述や発言、授業中の観察、自己省察等から学習への取組の状況を把握することができるであろう。

　単元末の総括的評価の方法としては、「知識・技能」の観点については面積の単位や正方形及び長方形の面積を求積公式の理解について問う筆記テスト、「思考・判断・表現」の観点については複合図形の面積の求め方や面積の単位と既習した単位との関係について式や図、言葉などを使って説明させることを求める記述式の課題等を活用することができ

る。「主体的に学習に取り組む態度」の観点については、授業プロセスの観察に加えて、単元全体のノートや、単元全体の振り返りの記述等を利用することが可能である。

（3）本時における評価の各観点の位置付け――形成的評価の在り方――

　次に、パフォーマンス課題に取り組むなかで複合図形の面積の求め方を考える第6時を本時として、授業展開の中で各観点の形成的評価がどのように行われ得るかについて見ていこう。資料6は、高倉小の実践の授業記録をもとに作成した本時の展開に、形成的評価を行うことのできるポイントを加えたものである。

　本時のねらいは「複合図形である理科室前廊下の面積の求め方を考えることができる」であり、「思考力・判断力・表現力等」の内容に当たる。資料内に示す評価規準については、【思考・判断・表現】は「面積の単位や図形を構成する要素に着目し、図形の面積の求め方を考え、表現している」の項目、【主体的に学習に取り組む態度】は「面積の求め方を考え、表現する学習に主体的・協働的に粘り強く取り組んでいる」の項目に該当している。

　この授業の特徴は、個人－全体－グループ－全体という学習形態の中で子どもたちが主体的に考え、協働的（対話的）な学びの中でその考えを深め、表現していくことで「思考・判断・表現」の力を育成していこうとする点にある。個人で考える場面では、面積の求め方を図や式と言葉でノートに書かせることによって、「思考・判断・表現」の学習状況を見取ることができる。その上で、一つの求め方を早く見つけてしまった子には複数の方法を考えることを促す、自力解決が難しい子にはヒントカードを渡す、といった支援につなげている。また、全体で考えたことを交流する場面では、子どもたちの発表を聴いて学習状況を把握するなかで、説明が不十分なときは、「それはどういうこと？」「なぜ？」などと発問することによって、より的確な表現のための指導につなげている。ここには、教師との対話を通した学びがある。

　このように主体的、協働的、対話的な学びの中で「思考・判断・表現」の観点について形成的評価を行うと同時に、「主体的に学習に取り組む態度」の観点についても見取ることができる。特に全体での交流の場面では、発表における説明だけでなく、発表に対する質問などから学習への取組の態度を見取ることも考えられよう。他方で、実測の方法を考える場面では長方形の面積の求め方を再確認することにもなるため、「知識・技能」の見取りを行い、理解が不十分な場合には補習の指導を行うことも可能であろう。

資料6　本時（第6時）の展開（筆者作成）

学習形態	学習活動	支援・留意点	形成的評価の場面
全体	1．理科おもしろ科学実験の会場を決めるために、前時の理科室に続いて、理科室前廊下の面積を調べるという、本時の課題を把握する。 　理科室前ろう下の面積を求める方法を考えよう。	・理科室前廊下の形（L字型）を黒板に貼って確認し、角が全部直角であることを板書する。	
個人	2．理科室前廊下の面積を求める方法を考えて、図や式、言葉を使ってノートに書く。 ・二つの長方形（上下、左右）に分け、それぞれの長方形の面積を求めてから合わせると考える。 ・三つの長方形に分けてそれぞれの長方形の面積を求めてから合わせると考える。 ・L字型の図形を大きな長方形の一部が欠けているかたちとみなし、全体の面積からその部分の面積を引くと考える。	・面積を求める方法をすぐに考えられる子どものために、方法が一つでないことを伝え、いくつか考えられる人はいくつも書くように指示する。 ・自力解決が難しい子どもには、二つの長方形に分けることを暗示するヒントカードを渡す。	・ノートの記述【思考・判断・表現】 ・観察【主体的に学習に取り組む態度】
全体	3．個人で考えた面積の求め方を全体で交流する。 ・考えた求め方について図を用いながら発表する。 ・四つの考え方があることを理解する。発表でわからない点は質問する。	・発問等を行い、求め方だけでなく、なぜその方法で求められるのか（長方形にすると求められること）まで説明させるようにする。	・発表【思考・判断・表現】 ・発表、質問【主体的に学習に取り組む態度】
グループ	4．次時の実測に向けて、同じ考え方のグループで、理科室前廊下のどこを測ったらよいかを考える。 ・理由をつけて考える。	・「はかせ（はやく、かんたんに、せいかくに）」で測ることが大切であることを伝え、板書する。	
全体	5．どこを測るかについてグループで考えたことを全体で交流する。 ・四つの面積の求め方それぞれについて、各グループが説明する。	・「長方形」「縦の長さ」「横の長さ」という言葉を使わせるようにする。 ・図を用いさせ、どこを測定することでどこの面積が求められるのかを全員が理解できるようにする。	（発言【知識・技能】）
振り返り	6．学習の振り返りをする。	・学習の成果と課題について省察させるようにする。	・振り返りの記述【主体的に学習に取り組む態度】

●注

1　中央教育審議会初等中等教育分科会教育課程部会「児童生徒の学習評価の在り方について（報告）」2019年、p.4。

2　同上書、p.15。

3　三権分立の例については、石井英真「新指導要録の提起する学習評価改革」石井英真・西岡加名恵・田中耕治編著『小学校　新指導要録改訂のポイント』日本標準、2019年、pp.17-19。

4　同上。

5　西岡加名恵編著『教科の「深い学び」を実現するパフォーマンス評価―「見方・考え方」をどう育てるか―』日本標準、2019年、p.15をもとに、石井、2019年（前掲）、p.19を参考にし、一部修正して作成。

6　三藤あさみ・西岡加名恵『パフォーマンス評価にどう取り組むか』日本標準、2010年、p.23、p.25をもとに作成。

7　中央教育審議会初等中等教育分科会教育課程部会、2019年（前掲）、p.11。

8　2019年改訂の指導要録においては、観点別学習状況の評価や評定には示しきれない感性などについては個人内評価を行うことが強調されている（同上書、p.6）。

9　京都市立高倉小学校の上杉里美教諭（当時）の実践。この実践については、上杉里美「理科室と理科室前廊下、広いのはどっち？」田中耕治編著『パフォーマンス評価―思考力・判断力・表現力を育む授業づくり』ぎょうせい、2011年及び筆者の授業観察記録に基づく。

10　文部科学省『小学校学習指導要領（平成29年告示）解説　算数編』2017年、p.7。

11　上杉、2011年（前掲）、p.70をもとに作成。

12　同上書、pp.70-71をもとに一部修正して作成。

13　同上書、p.72。

第 6 章

形成的評価から
形成的アセスメントへ

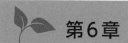

第6章

形成的評価から
形成的アセスメントへ

安藤　輝次

1 形成的評価（formative evaluation）
──完全習得学習とその後の実践──

　「テストの成績が悪いのは、十分に時間をかけて勉強をしなかったからだ」と思ったことはないだろうか。実は、この考え方は、アメリカの教育心理学者のキャロル（Caroll,J. B.）が1960年代前半に唱えた学校学習モデルに似ている。彼によれば、テストの出来と不出来は学習の速いか遅いかの違いであって、出来ない子どもでも時間をかければ、出来るようになるという。頭の良い子どもと悪い子どもがいるという伝統的な教育観に対する批判である。

　シカゴ大学のブルーム（Bloom,B.）は、キャロルのこの考え方を基盤に、カリキュラム、ペース、習得レベルなども視野に入れて、1968年に完全習得学習（mastery learning）と称する指導法を提唱し、我が国でも1970年代に紹介され、広く普及するようになった。

　完全習得学習の特徴は、第一に、計画段階では、小中高大のすべての学年のすべての学習者を対象に、①単元目標分析表、②単元目標構造図、③指導順路案、④単元指導計画の順に絞り込んで構造化することである。その際に、知識、理解、応用、分析、総合、評価とレベルアップする認知的領域の教育目標の分類学に照らして前提・基礎・中核・発展の四つの目標を開発したが、結局、出発点の大前提である①②へ多大な労力が費やされた。

　そして、第二に、授業中の適切な時期に、知識・技能を習得しているかを点検する事前テストや目標からのズレを明らかにするための形成的テストをして、到達が不十分な子どもには、補充指導をして不出来をなくす形成的評価を行って、優秀な者や障害を持つ者を除く約90％の学習者に対して学力保障をしようとした。

　形成的評価は、スクリヴァン（Scriven,M.）がカリキュラム開発過程で点検し、修正をして目標に近づけるために考案したものであった。ブルームは、これを授業目標に近づけるための形成的評価と捉え直し、授業全体の軌道修正や個別の補充指導を行うための手立てとして位置付け、単元や学期末などの成績評価、つまり、評定のために使う総括的評価

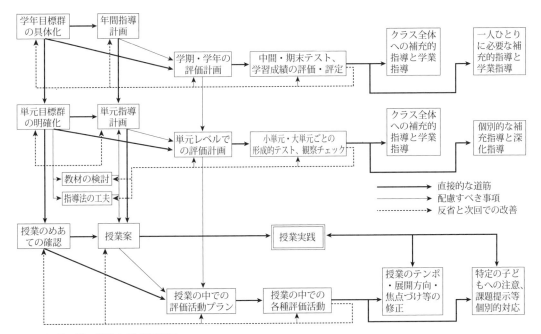

図1　授業設計の道筋と形成的評価

との差別化を図ったのである。

　しかし、完全習得学習は、1980年代半ばからアメリカで鋭く批判されるようになる。つまり、認知的に「できる」ことに焦点化した行動目標に限定した結果、浅い知識や技能しか対象にしていない、あるいは、情動と学習の絡みを考えていないとか、学習を取り巻く文化的環境も考慮する必要があるという批判である。

　そのような批判が生じ始めた1986年に、我が国に完全習得学習を紹介し、その指導者でもあった梶田叡一氏が描き出したのが図1の形成的評価の捉え方である（梶田、2016、p.65）。この図の太線が示すように、目標分析を第一義とし、そこに形成的テストを位置付けるという完全習得学習の特徴を引き継いでいるが、形成的テストだけでなく観察やノートのチェックのような「授業の中での各種評価活動」を取り入れて、それを形成的評価と総称した点が違っていた。また、梶田氏は、1970年代後半から完全習得学習の上述のような問題点に気付き、いくつかの国立大学附属中学校との協働研究の結果、ブルーム流の「達成目標」だけでなく、態度や価値観に絡めた「向上目標」、触れ合いや感動などの「体験目標」も設けて、学習者の自己学習能力まで育成しようとした。

　とはいえ、現実には大前提である目標分析表づくりに膨大な労力が必要となるだけでなく、時には電話帳と揶揄されるような事態になって、学習者の内面を軽視する傾向があった。そして、梶田理論に学ぼうとした普通の小中学校の授業では、目標つぶしに陥り、学習者の情意や内面に目を向けるよりむしろ教師主導の教え込みになりがちであった（安藤、

2004、pp.79-84）。図１で言えば、教師は、太線にそって進めることに精いっぱいであり、破線に示すようなフィードバックを生かす余裕もなく、教員の人的配置も限られているために、カリキュラムや授業の目標に近づけるという形成的評価は、あまり機能しなかった。

2 形成的アセスメント（formative assessment）の提唱と実践

　1989年、オーストラリアの大学教育学者のサドラー（Sadler,D.R.）は、フィードバックを軸に形成的アセスメントの必要性を次のように訴えた（安藤、2013、pp.16-17）。

　フィードバックとは、(a)ねらっている目標と(b)現在の学びを比べて両者のギャップを明らかにし、(c)そのギャップを縮めることを言う。ただし、教師が(a)(b)(c)を行って、学習者に指示して(c)に言う学びの矯正をするのであれば、学習者は、教師依存から抜け出せない。むしろ大切なのは、学習者が学びの過程で生み出した作品や失敗作やノートなどの学習物（work）に着目することである。そして、学習者自身が学習物の質について、(a)(b)(c)のフィードバックを行う過程で、学びの不出来を出来るようにして、最終的には自己モニタリングを介した自己評価をする手立てを講じることが大切であり、それが形成的アセスメントということであると。

　形成的評価で言う評価は、教師による重みづけや評定を指すevaluationの訳語であり、そこでは「指導と評価の一体化」を強調したが、その主体は教師であった。他方、アセスメント（assessment）は、教師が学習者に"寄り添う"ことを意味する sit aside が語源であって、教師だけでなく学習者自身も学びの出来・不出来を確認し、不出来を出来るようにする「評価と学びの連動」である点が形成的評価とは違うのである。

　1998年、ロンドン大学のブラック（Black,P.）たちは、サドラーの形成的アセスメントにおけるフィードバックの考え方に着目し、過去９年間の約250の研究論文や図書を検討して、形成的アセスメントを適用された学習者は、そうでない学習者の上位35％に位置付けられることを明らかにし、結局、学習課題に対する動機付けが鍵であり、教師と学習者の対話が重要であると結論付けた。そして、彼らは、イギリスの中等学校を中心に形成的アセスメントの協働研究を展開し、表１のような形成的アセスメントの３側面を教師、学習者仲間、学習者個人に分けて描き出した（安藤、2013、p.19）。

　表１の(I)欄の「学習意図」とは、教師が押さえたい授業目標であって、「成功規準」は、その目標を達成した状態から導き出した評価規準である。教師の役割は、学習意図、つまり、授業目標を明確にして、それが達成できたと見なす成功規準を学級で共有し、(II)欄で

表1　形成的アセスメントの３側面

	⑴　学習者が行く場所	⑵　学習者が今いる場所	⑶　そこへの行き方
教　師	学習意図の解明と成功規準の共有	学習の証拠を引き出すような効果的な討論、活動、課題の組合せ	学習を前に進ませるフィードバックの提供
仲　間	学習意図と成功規準の理解と共有	学習者同士の学び合い	
学習者	学習意図と成功規準の理解	一人ひとりの学習者による自己学習	

　討論や活動や課題などを組み合わせて成功規準を満足する証拠を得るようにして、成功規準に照らして学級全体の出来と不出来を確認し、⑶欄で不出来を出来るようにする手立てを打つことである。そして、学習者同士は、⑴欄の学習意図（授業目標）と成功規準を共有して、⑵欄の学級全体の学びの出来と不出来を確認し、⑶欄で不出来を出来るようにするための学び合いをする。最後に、個々の学習者は、⑴欄で理解した学習意図（授業目標）と成功規準を使って、⑵欄で自分の学びの出来と不出来を見極め、⑶欄で自らの学びの補充や向上を図る手立てを講じるのである。なお、アセスメントは、学習の出来・不出来を集めるだけで価値中立であって、evaluation のように判断を下さないと捉える向きもあるが、そうではない。成功規準に照らして、教師にとっては授業改善に、学習者にとっては次の学びにつなげて出来と不出来を判断しているからである。

　このような形成的アセスメントの実践は、小学生には難しいと思うかもしれないが、教育コンサルタントのクラーク（Clarke,S.）は、2000年代初めからイギリスの小学校（５歳児から11歳児）の教師に次のアクション・リサーチの方法を使って、形成的アセスメントを普及させてきた（安藤、2016、p.221）。

　研修は、９月の新年度直後から参加者を募集し、翌年１月から11月までに１日の研修会を３回行い、研修会の間にクラークが参加者の小学校を訪問し、指導助言する。

【第１回目：理論の共有（１月または２月）】

　形成的アセスメントの授業ビデオを視聴させながら、本研修のねらいと失敗から学ぼうとする学級風土づくり、授業目標、成功規準、討論などの基礎知識を説明し、参加者が深めたいテーマを発表させ、その授業研究のための年間計画を示す。

【第２回目：第１回目の発表会（６月）】

　①失敗は成功の元というデュエック（Dweck,C.）の成長マインドセット、②学習の学びを可視化して、出来と不出来を確認する方法、③授業目標とそれを達成したと判断できる成功規準を学習者と一緒に創る方法、④ "話し合いパートナー" と称するペア学習の導入、について参加者の学校実践を発表する。最後に、形成的アセスメントにおける発問、深い学び、相互評価と自己評価について説明して、次回までに実践発表をするように言う。

【第3回目：第2回目の発表会（11月）】

　形成的アセスメントの説明をした後、次のように進める。①作文など二つの学習物について、複数の正解から選択させる成功規準を使った“話し合いパートナー”実践を報告する。②その実践でうまくいった事柄と改善点を検討する。ここで長期や短期の目標の共有化、成功規準の設定、二つの学習物による深い学びを重点的に論証する。なお、午前中に他校の教員との交流会、午後には、外部の訪問者を交えた学びの成果の最終発表会を行う。

　このように研究者と現場教員が特定のテーマに関する実践を行い、成果と問題点を見出し、問題点の解決策を講じて、有効であるとわかった方法・技術をつなげて理論化していくアクション・リサーチの方法から学ぶべき点も多いように思う。

　これとは別に、クラークは、1日から数日の小学校教員向け研修会を開催して、形成的アセスメントの普及を図っており、私も彼女の研修会にこれまで2回参加した。そこで示されたのが、「観察した学習結果の構造（Structure of the Observed Learning Outcome）」の頭文字を取ってSOLO分類学と称する図2（安藤、2018、p.35）の階層構造である。

　オーストラリアの大学教育研究者のビッグス（Biggs,J.）たちが開発したSOLO分類学は、小学校の各教科でも何らかの課題や発問を示して解決をさせたいときにも適用でき、その課題解決の過程における学習者の学びの表現によって出来・不出来を見極め、不出来を出

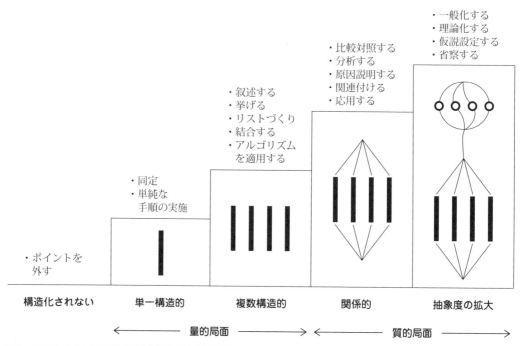

図2　想定した学習結果で使用する動詞の階層構造

来るようにする形成的アセスメントにも役立てることができる。

　課題解決に関して、単純な手順を踏む、あるいはＡとＢが同じかと同定を求めると「単一構造的」、複数のリストを列挙させたり、Ｘの次にＹなどアルゴリズムを用いると「複数構造的」な学びであり、どちらも量的局面を問題にしており、ペーパーテストで１点刻みで評価することができる。しかし、㋐と㋑を比較対照して類似性や相違性を見出させたり、因果関係を述べさせれば「関係的」、そこから一般化や理論まで求めれば「抽象度の拡大」となり、これら二つは、テストでは測れない質的局面の学びとなる。

　しかも、学習者の発達段階から見て、例えば、複数構造的であっても、特定の課題解決の過程で、学習者の回答が見当違いであれば「構造化されない」、多数ある手がかりのうちの一つを回答すれば「単一構造的」、複数の手がかりを示すと「複数構造的」となる。複数の手がかりの相互関連付けまでできれば「関連的」、複数の手がかりの関連付けをして、解決の選択肢と限界も見据えた結論を示すことができれば「抽象度の拡大」の回答になる。

　SOLO分類学は、授業中に学習者から出てきた回答を集約して導き出したものであり、異なる発達段階の学習者がそれぞれ課題解決に取り組む過程でもこれらの階層に分かれた学習者の学びが見られる。そこに着目した点がブルームの分類学との大きな違いである。クラークによれば、SOLO分類学が行きつ戻りつしながら進むのであり、同じ学級内でも異なる階層の学習者がいることに留意すれば（Hattie&Clarke,2018,p.76）、「学習者の思考の発達を理解し、階層を一つ引き上げ、学習計画とアセスメントとフィードバックをするために有効」（op.cit,p.172）であり、フィードバックを次の学習や授業の改善に生かすという意味で「評価と学びの連動」である。このようなSOLO分類学は、世界中で広く採用されている。

3　新しい指導要録が求める指導改善と学習改善の捉え方

　2019年３月29日、文部科学省は、「小学校、中学校、高等学校及び特別支援学校等における児童生徒の学習評価及び指導要録の改善等について（通知）」（以下「通知」と略す）を発表した。その基本的な方向性は、次の３点である。

⑴　児童生徒の学習改善につながるものにしていくこと

⑵　教師の指導改善につながるものにしていくこと

⑶　これまで慣行として行われてきたことでも、必要性・妥当性が認められないものは見直していくこと

　児童生徒、つまり、学習者の学習改善と教師の指導改善につながるものにしていくのが、形成的アセスメントである。ところが、この「通知」の下地になった2019年1月21日の中央教育審議会の「児童生徒の学習評価の在り方について（報告）」（以下「報告」と略す）も含めて、形成的評価や形成的アセスメントという言葉は出てこない。指導要録という性格上、どうしても総括的評価とならざるを得ないからかもしれない。

　とはいえ、2010年の指導要録から「学習評価」という言葉を導入し、今回の新しい指導要録では、「学習評価の方針を事前に児童生徒と共有する場面を必要に応じて設けること」を力説した。「報告」では、「評価の方針等の児童生徒との共有」が「評価の妥当性・信頼性を高めるとともに、（略）児童生徒に自らの学習の見通し」を持たせることができ、「自己の学習の調整を図るきっかけとなることも期待される。」と述べた。ここに形成的アセスメントの考え方が示されており、これが学習者の主体的な学びの要なのである。

　他方、課題もある。「報告」では、「関心・意欲・態度」に代わる新しい観点「主体的に学習に取り組む態度」について教師による「見取り」を行うことを繰り返し述べており、知識・技能の観点と関わる場合でも見取りをしなければならないと言う。これは、形成的評価による教師主導の考え方の残滓であろう。教師が学習者の学びを知識・技能も思考・判断・表現も態度も見取るのは、形成的評価であって、他方では、「通知」において、政府の「働き方改革」の方針を受けてであろうか、教師負担の軽減を強く求めている。今回の新学習指導要領の新機軸の多さと新指導要録で指導だけでなく学習の改善も求めながら、教師の負担減を求めることは、矛盾しており、結果的にはアブ蜂取らずになることを危惧する。

4　形成的アセスメントによる授業改善と学習改善の方法

　今求められているのは、図3に示すように、形成的アセスメントを活用した「1（学習課題）2（コマ以上）3（フィードバック）」の「1・2・3式授業」をして、教師による授業改善と学習者による学習改善をすることである（安藤、2018、pp.20-24）。これは、私がクラークの方法に学びつつ、我が国の学校の先生方と一緒に創り直したものである。

　クラークと何が違うのかと言えば、第一に、「学習意図」を①の「教育目標」とし、②⑦の「成功規準」は大げさだという声を受けて、「達成ポイント」と名称変更した点である。学習者が達成ポイントを内面化すれば、学習改善のための動機づけが強力になり、教師があれこれ世話を焼く必要もなくなるので、教師の負担減になる。第二に、⑨「全体のまとめ」の後に、⑩の学習者の相互評価と教師評価を合わせた「他者評価を介した自己評

図3　1（学習課題）2（コマ以上）3（フィードバック）による深い学びの授業づくり

価と学びの向上」を加えたことである。新指導要録の「報告」に詳述されていないが、欧米では形成的アセスメントに学習者の自己調整を結合させて、学習改善に生かそうという提言が出されており（安藤、2019、pp.52-53）、「1・2・3式授業」は、その先駆けと言えよう。

　「1・2・3式授業」の具体的な実践例としては、2018年の拙著で小学3年算数「あまりのわけを考えよう」（全2時間）、小学4年理科「直列と並列つなぎ」（全5時間）、高校2年物理「剛体に働く力」（全3時間）を紹介して、いずれも全員達成を実現した。しか

し、これらの実践は、正解が明確な"閉じた教育目標"であるが、正解ではなく選択を迫る"開いた教育目標"もある。

したがって、開いた教育目標の授業について、前の学習指導要領の思考・判断・表現を念頭に行った小学6年社会科「戦国の世はどのように統一されたのか」（全8時間）の授業を基盤にして、図3の⑦達成ポイントと⑩他者評価を介した自己評価と学びの向上を付加した授業展開を綴ると、次のようになる。

まず、事前準備として、図3の①に当たる教育目標を「信長・秀吉によって戦乱の世の中が統一され、家康が江戸幕府を開くことによって長く安定した武士の世の基礎が創られた」とし、②学習課題「信長・秀吉・家康のうち誰が最も天下統一に貢献したのか？」を設定した。この授業では、一般化まで求めていないので、「抽象度の拡大」は設けていない。

そして、ビックスに学んで、表2の四つのレベルとその下の説明を②「4．関係的」な達成ポイント（文部科学省の表現で言えば、「考え方」）とそこへの道筋を示した。勿論、4と3、3と2、2と1の中間的な回答も認める。表2の下欄は、関係的な構造で押さえるポイントであり、下線は、学びのキーワードであって、「見方」とも言えよう。ここに③資料の使い方も記しているが、さらに各自で書いた結論を評価する書き方の一般的ルーブリックを付け加えた。そして、④ジクソーで武将ごとに調査・発表の後、最も貢献したと思う武将ごとに学級全体で討論をした後、自分の考えを書かせて終わる構想を立てた。

さて、第1時間目は⑤教師が長篠の合戦の屏風絵を見せ、信長・秀吉と家康の連合軍が武田軍に勝利して、天下統一へ大きく前進したことを読み取らせた後、⑥学習課題「信長・秀吉・家康のうち誰が最も天下統一に貢献したのか？」を示した。第2時間目と第3時間目は、信長・秀吉・家康それぞれの専門家チームで調べ学習をさせて、教師は、気になる子を軸に表2の下欄にある浅い知識を獲得する助言を行って、②③で用意した発表会の達成ポイント（考え方）について⑦過年度の優れた学習物をサンプルとして示し、皆でそれを共有させた。第4時間目は、専門家チームの学びを学級全体にホワイトボードで発表させ、教師は、信長・秀吉・家康のそれぞれの業績を押さえつつ、時には3人の武将同士の関連付けを板書し、天下統一につながっていたことを気付かせた後、達成ポイントを参照させながら、自分たちの発表の出来と不出来を確認した。

それから、第5時間目で戦国時代と信長・秀吉・家康の業績を尋ねる24問の形成的テストを行って、学習者同士で答え合わせをした後、間違いを訂正させ、主要な間違いについては、教師が補足的な説明をした。このように深い学びをさせるための基本的な浅い知識を学級全体で定着させておく必要がある。そして、第6時間目に「天下統一に最も貢献した」と思う武将ごとに学習者をグルーピングし、その根拠を集約させた。

第7時間目は、⑧この学習課題について深く考えるクライマックスである。まず信長か

表2　「天下統一に貢献したのは誰か？」の見方・考え方

4．関係的	3．複数構造的	2．単一構造的	1．前構造的
証拠は、ほとんどが納得できて、互いに関連付けられている。前提となっているつながりを説明する時に矛盾したデータがある。	様々なデータを選んでいるが、結論に一貫性がなく、矛盾もある。	結論の証拠や根拠付けが一つだけである。	課題に向き合わず、同じ言葉で説明している。
「信長は、家柄にとらわれない人材抜擢と鉄砲隊など集団戦法で戦国大名トップになり、天下布武をした。このような新しい考え方を打ち出したから、足軽の秀吉が活躍でき、人質の家康を開放し、味方にした。経済でも楽市・楽座や南蛮貿易で活性化をして、戦国時代を終わらせた。秀吉は、信長の政策を引き継いで、徳川幕府は、家康だけでなく秀忠と家光の政治によって安定するようになっただけである。」 「秀吉は、信長から商業主義や実力主義を引き継いだが、城を水攻めし、関白になって全国の大名を従わせ、検地で税収入を確保し、刀狩をして農民が反乱できないようにした。秀吉は、子どもが一人で小さかったから、天下を家康に奪われただけである。信長は、天下統一までできなかったし、徳川幕府は、家康と秀忠と家光の政治によって安定したにすぎない。」 「家康は、関ヶ原の戦いに勝ち、征夷大将軍となり、大坂の陣の戦いの後、天下を統一した。そして、信長からは残忍性、秀吉からは下克上ということのこわさを学んで、秩序のある時代にした。それで、大名の力をそぐために一国一城制を定め、武家諸法度で武士の心得を説き、徳川御三家や譜代大名を配置し、260年間に及ぶ江戸幕府の基礎を創った。」	「信長。天下布武をして武力統一するだけでなく、楽市・楽座や南蛮貿易で経済の活性化をした。信長がいなければ、秀吉と家康もいなかった。」 「秀吉。全国で刀狩だけでなく検地をして、税金が確実に取れるようにした。信長は、天下統一のきっかけをつくっただけである。」 「家康。江戸幕府を開いて、豊臣家を滅ぼし、一国一城制で大名の力を弱めた。信長も秀吉も天下を安定させられなかった。」	「信長。天下布武と言って、足利義昭を追放した。」 「秀吉。全国で刀狩をして、農民から武力を奪った。」 「家康。関ヶ原の戦いに勝って、征夷大将軍になって、江戸幕府を開いた。」	「分からない。3人それぞれ生きた時代が違うから。」 「秀吉。秀吉が初めて全国統一したから。」 「家康。徳川幕府で全国を完全に支配したから。」

　ら秀吉、家康と選択した理由をグループごとに発表させ、それから学級全体の討論において自分たちが選択した武将の選択理由を主張したり、他の武将グループを批判したりして、その根拠を確かめ合った後、⑨達成ポイントと下欄にコメント欄も設けたプリントを配って、自分たちのグループ発表の出来・不出来について評価をさせた。

　第8時間目では、⑩学習課題に対する各自の考えをワークシートに書かせた。その際に、自分が拠って立つ武将を変更したい場合には、それを認めることとした。それから、ペアになって、達成ポイントに照らして、相手のワークシートを読んで、また、教師が気になる学習者にはその都度支援しながら、相手のワークシートの出来と不出来を指摘させ、最後に、それを受けて自分のワークシートを修正加筆させた。

　このような達成ポイントの使い方は、学習者には難しいように思えるかもしれない。しかし、これは、どの教科のどの単元でも使える一般的ルーブリックのようなものであるので、使い慣れれば、それほど難しくない。ここで留意したいのは、一つには、深い学びをさせる前提として基本的な知識を揃える必要があること、もう一つには、最後に、失敗に学ぶという学級風土においてペアで学びの出来と不出来を確認し、各自で不出来を出来るようにする時間的余裕を確保することである。

●参考文献
安藤輝次『絶対評価と連動する発展的な学習』黎明書房、2004年
安藤輝次・上村富男・平野武史「表現し評価する社会科の授業実践」『教育実践センター研究紀要』第20号、奈良
　　教育大学、2011年
安藤輝次「形成的アセスメントの理論的展開」『学校教育学論集』第３号、関西大学文学部初等教育学会、2013
　　年
安藤輝次「教育実践から生み出したクラークの実践的方法」シャーリー・クラーク（安藤輝次訳）『アクティブ
　　ラーニングのための学習評価法』関西大学出版部、2016年
安藤輝次『みんなで「深い学び」を達成する授業』図書文化社、2018年
Hattie,J.and Clarke,S.,Visible Learning Feedback, Routledge, 2018
梶田叡一『名著復刻　形成的な評価のために』明治図書出版、2016年

第 **7** 章

パフォーマンス評価で
深い学びを

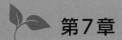

パフォーマンス評価で深い学びを

西岡加名恵

1 パフォーマンス評価の登場と普及

（1）パフォーマンス評価とは何か

　日本においては、2001（平成13）年改訂指導要録において「目標に準拠した評価」の方針が全面的に導入された。「目標に準拠した評価」には、目標に照らして評価をすることによって指導を改善するということだけでなく、本来、指導の前に目標そのものを吟味することを促すという意義もある。しかしながら、評価に関する検討は、ややもすれば指導が終わったあとでの成績づけ（書類作り）の議論に終始しがちである。そこで本章では、目標そのものの捉え直しをも含みこんだ評価の在り方を提案するものとして、パフォーマンス評価に注目しよう。

　まず、学力評価の方法を概観しておこう。図1は、現在、登場している学力評価の方法を整理したものである。ここでは、評価方法を単純なものから複雑なものへと並べるとともに、筆記による評価と実演による評価を整理している。

　パフォーマンス評価とは、知識やスキルを使いこなす（活用・応用・総合する）ことを求めるような評価方法の総称である。中でもパフォーマンス課題は、様々な知識やスキルを総合して使いこなすことを求めるような複雑な課題を指す。具体的には、論説文やレポート、絵画や展示物といった完成作品を求めるもの、あるいはスピーチやプレゼンテーション、実験など一連のプロセスの実演を求めるものなどがある。

　また、ポートフォリオとは、学習者の作品や自己評価の記録、教師の指導と評価の記録などの資料と、それらを系統的に蓄積していくファイルや箱などの両方を指す。ポートフォリオ評価法とは、ポートフォリオ作りを通して学習者の自己評価を促すとともに、教師も学習者の学習活動と自らの教育活動を評価するアプローチを意味している。なお、ポートフォリオ評価法もパフォーマンス評価の方法の一つであるが、ポートフォリオには

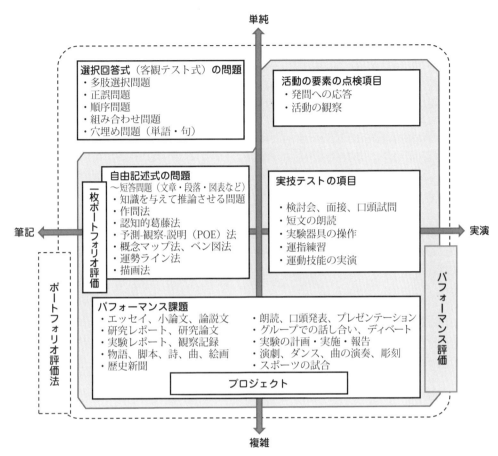

図1　様々な学力評価の方法[1]

選択回答式のテストも収録することができるため、図1では全体を点線で囲む形で示している。

（2）米国における「真正の評価」論の登場

パフォーマンス評価は、従来から日本の学校でも、とりわけ実技・芸術系の教科では用いられてきた。しかしながら、用語として登場したのは、1990年代の米国においてである。米国においては、1980年代、学力低下が指摘される中で、学校や学区に対して学力保障を行っていることについての説明責任を求める論調が強まった。この論調を背景に、連邦政府、州政府や学区教育委員会は、学校で教えられるべき内容を規定するために、カリキュラムに関する政策文書を作成した。このような政策文書は、多くの場合「スタンダード」と呼ばれている。同時に州政府は、標準テストに基づいて学校の教育成果を点検するようになった。これに対して、教師たちの間からは、そのような標準テストでは、子

どもの学力を総合的に捉えることができないとの批判が起こったのである[2]。

　一方で、学習研究の発展により、構成主義的学習観が登場した。構成主義的学習観では、学習者は教えられる以前から既有知識を持ち、自分なりの解釈や説明を行っていると捉える。新たに接した事態がそのような解釈や説明と矛盾した場合に、その矛盾を乗り越える学習を実現するためには、学習者自身が自覚的に自らの知識や解釈・説明などを組み替えるような状況を設定する必要がある。そこで、構成主義的学習観に基づけば、「事象や概念などを知識を使って説明したり状況に対処する能力」[3]である「理解（understanding）」や、「自分の認知過程についての認知と知識」すなわち「メタ認知」[4]が重視されることとなる。

　このような標準テスト批判や構成主義的学習観に基づいて、1980年代後半に登場したのが、真正性（authenticity）の概念であった。アーチボールド（Archbald, D.）とニューマン（Newmann, F.）は、1988年、「真正の学力」の概念を提起した[5]。さらに、1992年の論文において、「真正の学力」の条件は、次の３点に整理されている。①他者の生み出した知識の再生やそれに対する応答ではなく、知識そのものを生み出すものである。②訓練された探究、すなわち先行する知識の基盤と深い理解に基づく、総合的な知識の生産である。③単に学習者の有能性を示すことのみを目的とするのではなく、「審美的な、実利的な、あるいは個人的な価値」を持つものである[6]。知を創出する学習者像（①②）に構成主義的学習観からの影響、学力自体の意義の強調（③）に標準テスト批判の主張を見て取ることができる。

　さらに1990年代後半になると、「真正の評価」論が登場した。「真正の評価」とは、テストのために特別に設定された状況ではなく、現実の状況を模写したりシミュレーションしたりしながら評価することの重要性を強調する立場である[7]。また具体的な評価方法として、パフォーマンス評価やポートフォリオ評価法の提案がなされることとなった。

　このように、パフォーマンス評価という概念が登場した背景には、標準テストへの批判と学力観の転換があった。表面的な知識やスキルの暗記・再生にとどまらず、「深い理解」を保障したいという教師たちの願いがあったのである。

（3）日本における普及

　一方、日本の教育においてパフォーマンス評価が導入される契機となったのは、1998（平成10）年改訂学習指導要領において「総合的な学習の時間」が設けられたことであった。「総合的な学習の時間」の導入に伴い、ポートフォリオ評価法に関する書籍が多数、刊行され、様々な実践が生み出された。その後、「小学校学習指導要領解説　総合的な学習の時間編」（2008年６月）では、多様な評価の方法の例として、「学習活動の過程や成果などの記録や作品を計画的に集積したポートフォリオによる評価」「一定の課題の中で身

に付けた力を用いて活動することによるパフォーマンス評価」が示された。

　2003（平成15）年のPISAにおいて日本の生徒の読解力がOECD参加国の平均程度という結果が出たこと（いわゆるPISAショック）をきっかけに、教科において知識・技能を活用する力が強調されるようになると、徐々にパフォーマンス課題も注目されるようになる。指導要録改訂などを議論した中央教育審議会初等中等教育分科会教育課程部会「児童生徒の学習評価の在り方について（報告）」（2010年３月）では、「評価に関する情報を積極的に提供する具体的な方途としては、例えば、総合的な学習の時間等において導入している例が見られるポートフォリオ等を活用してより丁寧な情報提供を行うことも考えられる」と述べられるとともに、「思考力・判断力・表現力等を評価するに当たって、『パフォーマンス評価』に取り組んでいる例も見られる」と紹介されている。ここで言うパフォーマンス評価は、実質的にはパフォーマンス課題による評価を指していた。

　日本におけるパフォーマンス評価の普及のもう一つの流れとしては、高等教育改革がある。中央教育審議会「学士課程教育の構築に向けて（答申）」（2008年12月）では、「教育の中身の充実」や「創造的な人材の育成」が課題として位置付けられるとともに、「大学に期待される取組」として、「学生が、自らの学習成果の達成状況について整理・点検するとともに、これを大学が活用し、多面的に評価する仕組み（いわゆる学習ポートフォリオ）の導入と活用を検討する」ことが挙げられている。

　さらに、近年の高大接続改革においても、多面的評価の活用が強調されている。例えば、高大接続システム改革会議の「最終報告」（2016年３月）では、「学力の３要素」（「知識・技能」「思考力・判断力・表現力」「主体性を持って多様な人々と協働して学ぶ態度」）を様々な方法で評価することが推奨されている。その中では、「エッセイ」「面接、ディベート、集団討論、プレゼンテーション」や「高校時代の学習・活動歴」が例示されており、実質的にはパフォーマンス課題やポートフォリオ評価法が推進されていると解釈できる。

　このように日本においてもパフォーマンス評価は、活用や探究、創造などの「深い学び」を重視する新しい目標観を踏まえて普及していると言えよう。

 # 2　「資質・能力」の育成とパフォーマンス評価

（1）「資質・能力」の三つの柱とパフォーマンス評価

　さて、2017（平成29）年改訂学習指導要領の方針を定めた中央教育審議会「幼稚園、小学校、中学校、高等学校及び特別支援学校の学習指導要領等の改善及び必要な方策等に

ついて（答申）」（2016年12月。以下、「答申」と記す）では、「資質・能力のバランスのとれた学習評価を行っていくためには、指導と評価の一体化を図る中で、論述やレポートの作成、発表、グループでの話合い、作品の制作等といった多様な活動に取り組ませるパフォーマンス評価などを取り入れ、ペーパーテストの結果にとどまらない、多面的・多角的な評価を行っていくことが必要である。さらには、総括的な評価のみならず、一人一人の学びの多様性に応じて、学習の過程における形成的な評価を行い、子供たちの資質・能力がどのように伸びているかを、例えば、日々の記録やポートフォリオなどを通じて、子供たち自身が把握できるようにしていくことも考えられる」と述べられている。

　また、指導要録改訂などについて議論した中央教育審議会初等中等教育分科会教育課程部会「児童生徒の学習評価の在り方について（報告）」（2019年1月。以下、「報告」と記す）では、各教科における評価の観点が、「知識・技能」「思考・判断・表現」「主体的に学習に取り組む態度」という三つに整理された。

　そこで次に、「資質・能力」の三つの柱、特に観点別評価の三つの観点と照らして、パフォーマンス評価をどのように用いればよいかを考えてみよう。

（2）教科における評価

① 「知識・技能」と「思考・判断・表現」の評価

　「報告」では、「知識・技能」の評価に関して、「他の学習や生活の場面でも活用できる程度に概念等を理解したり、技能を習得したりしているか」について評価することが強調されている。また、「思考・判断・表現」についての具体的な評価方法として、「論述やレポートの作成、発表、グループでの話合い、作品の制作や表現等の多様な活動」が例示されている。

　この趣旨を実現するためには、図2のような「知の構造」を意識するとよい。各教科においては、その教科の中で繰り返し問われるような「本質的な問い」がある。各教科には、複数の単元で繰り返し関われるような、包括的な「本質的な問い」が存在している。例えば、「どのように伝えればよいのか？」（国語・英語）、「社会はどのような仕組みで成り立っているのか？」（社会）、「現実の問題を数学的に解決するには、どうすればよいのか？」（算数・数学）、「科学的に探究するには、どうすればよいのか？」（理科）といった問いである。

　パフォーマンス課題を開発するにあたっては、包括的な「本質的な問い」を意識しつつ、それを単元の教材に即して具体化する。例えば理科であれば、「異なる物質の性質を調べる実験をするには、どうすればよいのか？」といった問いが考えられる。次に、このような単元の「本質的な問い」を問わざるを得ないような状況を設定しつつ、パフォーマンス課題を作成する。例えば、「理科室の薬品棚から、ラベルのはがれた瓶が三つ出てき

た。いずれも中には黒い粉が入っている。ラベルを正しく貼りなおせるよう、黒い粉の正体を明らかにする実験を計画・実施・報告しなさい」といった課題が考えらえる[8]。

　このような「本質的な問い」を探究するパフォーマンス課題に取り組むことで、「深い学び」が実現され、「原理や一般化」に関する「永続的理解」（2017年改訂学習指導要領でいうところの、教科の「見方・考え方」）が身に付いていく。そこでは、「原子・分子」「化合」「酸化・還元」といった「転移可能な概念」や、「実験の手順をフローチャートにする」「結果を踏まえて考察する」といった「複雑なプロセス」を総合して、思考・判断したことを表現することが求められることとなる。パフォーマンス課題は、まさしく「思考・判断・表現」を評価する上で妥当な評価方法と言えるだろう。

　一方で、「知識・技能」の習得を確かめる筆記テストや実技テストの実施にあたっても、「知の構造」の最も低次に位置付く「事実的知識」と「個別的スキル」だけでなく、「転移可能な概念」や「複雑なプロセス」を意識的に評価していくことが求められる。理科の例で言えば、「事実的知識」には「硫化鉄に薄い塩酸をまぜると硫化水素が発生する」といった現象に関する知識や、「乳鉢、塩化コバルト紙」など実験器具・試薬等の名前が該当する。「個別的スキル」には、「ガスバーナーを操作する」「実験結果を表に記録する」といった単純なスキルが該当する。こういった「事実的知識」や「個別的スキル」は、幅広く身に付けておくに越したことはないが、それらは「転移可能な概念」や「複雑なプロセス」、ならびに「原理や一般化」と関連付けつつ学ばなければ、生きて働くものとはならない。そのような反省が、「報告」の背後にはあると言えよう。あわせて、概念の理解を試す筆記テストの問題や、スキルの実演を求める実技テストの項目など、広い意味でのパフォーマンス評価の活用も求められている。

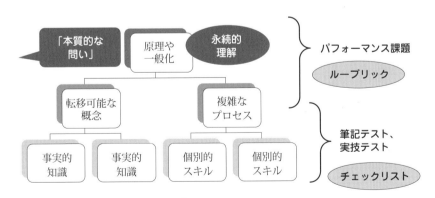

図2　「知の構造」と評価方法・評価基準の対応[9]

②　「主体的に学習に取り組む態度」の評価

　次に、「報告」では、「主体的に学習に取り組む態度」の評価について、次の二つの側面から評価することが提案されている。

　　「①　知識及び技能を獲得したり、思考力、判断力、表現力等を身に付けたりすることに向けた粘り強い取組を行おうとする側面と、

　　②　①の粘り強い取組を行う中で、自らの学習を調整しようとする側面」

　さらに、「この観点のみを取り出して、例えば挙手の回数など、その形式的態度を評価することは適当ではなく、他の観点に関わる児童生徒の学習状況と照らし合わせながら学習や指導の改善を図ることが重要である」と確認されている。

　実は、「答申」では既に、「学習指導要領改訂を受けて作成される、学習評価の工夫改善に関する参考資料」の中で、「複数の観点を一体的に見取ることも考えられることなどが示されることが求められる」と述べられていた。例えば、パフォーマンス課題に取り組むにあたっては、「思考・判断・表現」と「主体的に学習に取り組む態度」が表裏一体のものとして発揮される。先の理科の課題例で言えば、実験をうまく実施するために試行錯誤しつつ粘り強く取り組んだり、自らの取組の良い点や問題点を的確に自己評価し、調整したりすることが必要となる。そこで、パフォーマンス課題を用いて、二つの観点を一体的に見取ることも考えられるだろう。

（3）ポートフォリオ評価法の活用

　「学びに向かう力、人間性等」の涵養まで視野に入れたカリキュラムを実現していくためには、「総合的な学習（探究）の時間」や「特別活動」などの重要性も、今後ますます高まっていくことが予想される。入学者選抜等においても多面的評価が求められる昨今、多彩な学習場面での成果を蓄積するとともに、子どもたち自らが学習を振り返り、将来を見通すことを促すポートフォリオの活用も推進される必要があるだろう。

　ポートフォリオの所有権（収める資料やその評価規準の決定権）に注目すると、ポートフォリオは三つのタイプに大別される[10]。「総合的な学習（探究）の時間」で用いられるポートフォリオは、教師と子どもが相談しながらつくる「基準創出型ポートフォリオ」である。一方、何をなぜ収めるのかを学習者が決定する「最良作品集ポートフォリオ」も考えられる。AO入試（2020年度からは総合型選抜）などにおいて自己アピールに用いられるポートフォリオは、このタイプである。

　「目標に準拠した評価」を充実させる上では、教師が収める資料と評価規準を決める「基準準拠型ポートフォリオ」が適している。その場合、カリキュラムにおいて設定している目標がどの程度達成されているのかを確認するには、どのような資料を集約すればよいのかを検討しつつ、ポートフォリオを設計することとなる。現在、学校では、形成的評

価と総括的評価の区別がつかないために"評価疲れ"が生じている例も見られる。学年末の総括的評価を行うために、必要最小限の資料をポートフォリオに残すとすれば、どのような資料を残すことになるのかを明確にイメージすることは、成績づけに関わる労力を限定する上でも意義深いだろう。

　ポートフォリオ作りに取り組み始める際には、まず「ポートフォリオをなぜ導入するのか。意義は何か」「何を、どこに残すのか」「いつ、どの期間で作るのか」「どう活用するのか」などを明確にする必要がある。その上で、教師と子どもたちとの間で見通しを共有する。また、蓄積された作品を編集する機会を設けることも重要である。日常的にためておいた資料の中から重要な資料を整理したり、ポートフォリオ検討会で見せる資料を選んだりする活動が求められる。ポートフォリオ検討会とは、ポートフォリオを用いつつ、関係者の間で達成したことや困っていること、今後の課題や展望などについて話し合う場のことである。ポートフォリオ検討会については、定期的に行うことが重要である。

3　パフォーマンス評価を実践する上での課題と展望

（1）パフォーマンス評価の実践上の困難

　日本においても普及してきたパフォーマンス評価であるが、一方で、実践上の困難も指摘されている。例えば、鈴木秀幸は、「パフォーマンス評価の問題点」として、①信頼性の問題、②時間と労力、③評価基準、④評価観の四つを挙げている[11]。客観テストのような1点刻みの採点ができないパフォーマンス評価においては、どのように評価基準を明確にし、信頼性を確保するかが問われる。また、時間も労力もかかるパフォーマンス評価を導入するにあたっては、パフォーマンス評価をカリキュラムのどこに位置付けるのかを的確に選定すると同時に、教師の評価観を転換することが求められる。

　このような実践上の困難を克服するためには、効果的に教員研修を行うことが一つの鍵となる。そこで、ここでは、どのような教員研修を行うことができるのか、特に学校としてパフォーマンス評価を導入する際に、どのような校内研修が構想できるのかを検討しよう。

（2）パフォーマンス評価の意義と方針を共通理解する

　パフォーマンス評価を取り入れるにあたっては、まず「パフォーマンス評価とは何か」「今、なぜパフォーマンス評価なのか」を共通理解することが重要となる。パフォーマン

ス評価を導入するとしても、教科におけるパフォーマンス課題の開発に取り組む、テスト問題の改善に取り組む、ポートフォリオの活用を追求するなど、様々な始め方がある。それぞれの学校のカリキュラムの実態を踏まえ、どのような改善が求められるのかについて、焦点を合わせることが必要である。

　パフォーマンス評価の実践づくりに取り組むにあたって、学校で働く先生方の評価観を転換するのには、3年程度を要する場合もある。学校として3年計画を立てる場合、各年度に何に取り組むのかの方針も定めておくことが重要であろう[12]。いきなり全校を挙げて取り組むよりも、一部の教員が試行として始め、そこで得られた知見を共有しつつ全体に広げていく方がよい場合もある。既に取り組まれている実践の中から、パフォーマンス評価に該当するものを見出し、それを拡張する発想を採ることも有効だろう。

（3）パフォーマンス課題を開発する

　教科における学力観を転換する上では、教科における「本質的な問い」を明確にし、パフォーマンス課題を開発することが有効である。それぞれの教科において、どのような「本質的な問い」を重視すべきなのか、また子どもたちにとって魅力的で効果的なパフォーマンス課題の状況設定にはどのようなものがあるのかなどについて、グループで話し合うことも、授業やカリキュラムの改善につながる有意義な校内研修となる。

　特に小学校・中学校においては、既に多数のパフォーマンス課題が開発されている。そのような実践事例を参照することも勧めたい[13]。また、多くの学校で、知識や技能を活用するような学習活動は既に行われていることだろう。そのような学習活動をパフォーマンス課題として位置付けて、より意識的に取り組めば、指導と評価の改善につながることも少なくない。

（4）ルーブリックを作る

　パフォーマンス課題を実践したら、子どもたちの作品例を用いつつ、ルーブリック作りの校内研修を行うことを勧めたい。ルーブリックとは、成功の度合いを示す数レベル程度の尺度と、それぞれのレベルに対応するパフォーマンスの特徴を説明する記述語から成る評価基準表である。

　課題に対応するルーブリックは、典型的には次のような手順で作られる。まず、パフォーマンス課題を実施し、子どもたちの作品を集める。研修の場では、数名ずつのグループに分かれ、全員が、一つずつの作品を1〜5点で採点する（5点：素晴らしい、4点：良い、3点：合格、2点：もう一歩、1点：かなり支援が必要）。お互いの採点がわからないように、評点は各自で付箋紙に書き、作品の裏に貼り付ける。全員がすべての作品を採点し終わったら、付箋紙を表に貼り直す。評点が一致した作品群についてグループで見

直し、なぜ、その評点を付けたのかについて話し合って記述語を作成する。次に、意見の分かれた作品を見直しつつ話し合い、記述語を練り直す。

　このようなワークを行うと、まず、参加する教員の間で、評価の観点や基準について共通理解し、評価の妥当性と信頼性を高めることができる。ルーブリックが完成したら、ワークを踏まえて次に取り組むことのできる指導の改善策についてブレーンストーミングを行うと、大変有意義な研修となる。

（5）ポートフォリオを活用する

　学校としてポートフォリオを導入するにあたっては、ポートフォリオの目的や意義、残す資料や入れ物、作成の期間や活用方法を明確にする。ポートフォリオについては、教師が単独で、一つの教科や「総合的な学習（探究）の時間」において活用することも可能である。しかしながら、例えばAO入試などで活用できるように、学校のカリキュラム内外における子どもたちの学習成果の資料を幅広く収集するポートフォリオを作る場合には、学校としてポートフォリオの設計を行い、共通理解することが重要となる。

　ポートフォリオ評価法を実践するにあたっては、①教師と子どもの間で見通しを共有する、②蓄積した資料を編集する、③定期的にポートフォリオ検討会を行う、という３点が必要になる。したがって、これら三つの場面における指導方法について理解を深めるための研修が求められる。特に重要なのは、検討会での対話である。検討会では、オープンエンドの問いかけによって子どもの自己評価を引き出し、教師による評価とのすり合わせを行う。それにより、子どもがより的確に自己評価・自己調整を行うことができるよう指導するのである。一対一で対話する時間が確保できない場合は、作品批評会など一斉指導の形で検討会を行うこともできる。そういった具体的な指導の在り方について、イメージを共有する研修が求められるだろう。

●注
1　西岡加名恵『教科と総合学習のカリキュラム設計』図書文化社、2016年、p.83。
2　B・D・シャクリー他著（田中耕治監訳）『ポートフォリオをデザインする』ミネルヴァ書房、2001年。
3　堀哲夫「構成主義的学習観」日本理科教育学会編『理科教育講座5 理科の学習論（下）』東洋館出版社、1992年、p.158。
4　楠見孝「メタ認知」藤永保監修『最新 心理学事典』平凡社、2013年、p.707。
5　Archbald, D. & Newmann, F., *Assessing Authentic Academic Achievement in the Secondary School*, National Association of Secondary School Principals, 1988.
6　Archbald, D. & Newmann, F., "The Nature of Authentic Academic Achievement" in Berlak, H. et al., *Toward a New Science of Educational Testing and Assessment*, State University of New York Press, 1992. F・M・ニューマン（渡部竜也、堀田諭訳）『真正の学び／学力』春風社、2017年も参照。
7　Wiggins, G. & McTighe, J., *Understanding by Design*, ASCD, 1998, p.24. G・ウィギンズ、J・マクタイ（西岡加名恵訳）『理解をもたらすカリキュラム設計』日本標準、2012年も参照。
8　井上典子先生の実践を踏まえて、課題文を作成した。
9　西岡、前掲書、p.82。

10　西岡加名恵『教科と総合に活かすポートフォリオ評価法』図書文化社、2003年。

11　鈴木秀幸「パフォーマンス評価の問題点」『指導と評価』図書文化社、2019年9月号、p.25。

12　例えば、ある中学校では、1年目は各教科の代表の教師がパフォーマンス課題を一つ実践した。2年目は各教科会が共同で一つパフォーマンス課題を開発し、実践の後に共同でルーブリックを作った。3年目以降は、複数の教員がパフォーマンス課題を実践し、学校としてカリキュラムを改善していった（北原琢也編著『「特色ある学校づくり」とカリキュラム・マネジメント』三学出版、2006年参照）。

13　例えば次の文献では、各教科の「本質的な問い」やパフォーマンス課題の実践例を紹介している。西岡加名恵編著『「資質・能力」を育てるパフォーマンス評価』明治図書出版、2016年。西岡加名恵・石井英真編著『教科の「深い学び」を実現するパフォーマンス評価』日本標準、2019年。

第 **8** 章

一枚ポートフォリオで
自己評価を促す

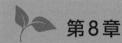

第8章

一枚ポートフォリオで自己評価を促す

堀　哲夫

1 OPPAの概要

　OPPA（One Page Portfolio Assessment：以下、OPPA）論とは、教師のねらいとする授業の成果を、一枚の用紙を用いて学習者が学習前・後の本質的な問いに回答するとともに、学習前・中・後の学習履歴を記録することによってその全体を学習者自身に自己評価させる方法を言う[1]。OPPAの実践には、後に述べるOPPシートを作成する。

　OPPAの理論は、後に詳しく述べるように学習者の学習状況の把握をはじめ、学習者の資質・能力の育成、教師の授業評価と改善等々、多くの学習や授業場面に活用できる。さらに、小学校から大学院に至るまで学校種に関わりなく、また教科・科目を問わず、教科外の教育活動などにも利用できる。2004（平成16）年の開発以来、OPPAは多くの教育実践の中で検証され、その汎用性や有効性が実証されてきている。

　OPPAは、OPPシートを作成して用いるので、まずその概要について述べる。

（1）OPPシートの構成要素と要点

　OPPシートの概要は図1に示した「Ⅰ．単元名タイトル」「Ⅱ．学習前・後の本質的な問い」「Ⅲ．学習履歴」「Ⅳ．自己評価」という4要素から成る（図1参照）。

① 「単元名タイトル」の欄

　OPPシートは、ふつう一単元の内容について一枚の用紙の中に収まるように構成する。単元名タイトルは、教師が書き込んでおくこともあるが、学習内容全体を把握し、的確に表現する力を育成するため単元終了後、学習者にタイトルをつけさせることもある。

② 「学習前・後の本質的な問い」の欄

　「学習前・後の本質的な問い」は、教師が当該単元を通して最も確認したい重要な核となる内容を問いの形で示し、学習者の持っている知識や考えを可視化させる。学習前・後に当該学習内容の理解がどう変容したのか確認することを目的としている。この欄は、こ

【Ⅰ．単元名タイトル】学習後、学習者に書かせることもある　Ex.「植物が大きくなるために必要なこと」

【Ⅱ-1．学習前の本質的な問い】 　単元を通して教師がもっとも押さえたい最重要点に関わる問いで学習後と全く同じ 　Ex.「植物が大きくなるためには、何が必要だと思いますか。絵や図をつかって説明してもかまいません」	【Ⅲ-1．学習履歴】 　学習者が考える当該時間の最重要点を書く 　Ex.「今日の授業で一番大切だと思うことを書いてみましょう」	【Ⅲ-2．学習履歴】 　学習者が考える当該時間の最重要点を書く 　Ex.「今日の授業で一番大切だと思うことを書いてみましょう」
【Ⅱ-2．学習後の本質的な問い】 　単元を通して教師がもっとも押さえたい最重要点に関わる問いで学習前と全く同じ 　Ex.「植物が大きくなるためには、何が必要だと思いますか。絵や図をつかって説明してもかまいません」	【Ⅲ-n．学習履歴】 　学習者が考える当該時間の最重要点を書く 　Ex.「今日の授業で一番大切だと思うことを書いてみましょう」	【Ⅲ-3．学習履歴】 　学習者が考える当該時間の最重要点を書く 　Ex.「今日の授業で一番大切だと思うことを書いてみましょう」

【Ⅳ．学習後の自己評価】
学習前・後と学習履歴をふり返ってみて何がどう変わったか、またそれに対する自分の学習の意味づけなど自分の考えたこと表現したことなどについての思考（メタ認知）

図1　OPPシートの構成要素と要点

れからの学習に対して「見通し」や学習目標を持たせる働きかけであり、学習後の「ふり返り」の原点となる。

③　「学習履歴」の欄

　OPPシートでは、学習履歴として「今日の授業の中であなたがもっとも大切だと思ったことを書きなさい。」という問い方で学習者の認知過程を可視化させている。自らの学習過程を観察可能な形で可視化させ、学習の「見通し」を持ちやすくし、さらに学習目標が形成できるように働きかける機能がある。学習履歴は、「授業の一番大切なこと」の他に、学習後「授業のタイトル」をつけさせることもある。

④　「自己評価」の欄

　自己評価欄は自らの学習過程をふり返り、可視化した内容をもとにそれらの意味づけや自己評価することを目的としている。こうした自己評価による省察は、自分の何がどう変わりそのことについてどう思っているのかなどの学習に対する価値や思いなどを意識化させるという機能を果たしているので、「自ら学び自ら考える力」の育成には欠かせない。

　OPPシートはたった四つの構成要素から成り立っている大変シンプルなものである。学習や授業の改善を考えるとき、これらは必要最小限の要素であり、かつ最大限に生かすことを目的としている。そのため、これらが最も効果を発揮するよう一枚の用紙の中にいかに配列するかが重要になってくる。

（2）学習指導要領とOPPシートの学力観

　ここで、新しい学習指導要領がどのような学力観であるのか見ておきたい。それは、

OPPシートの求めている学力観とかなり共通した考え方があると考えられるからである。

　学習指導要領の学力観と言っても、解説書等に必ずしも明確に示されているわけではない。図2は、あくまで筆者の解釈による新学習指導要領の学力観である。図2の上段と中段は筆者が書き加えた内容である。

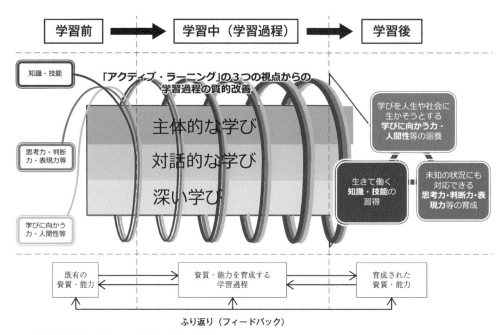

図2　学習指導要領の学力観と資質・能力の育成（筆者が加筆・修正）

　学習指導要領の求めている考え方とOPPシートのそれのどこが似ているのか、以下3点から検討してみる。

　一つ目は、学習前・中・後を重視している考え方である。これまでは、学力の結果が示されることが多かった。OPPシートが、学習の認知過程を重視しているのは、当然、このような考え方を前提としている。

　二つ目は、学習指導要領の「『アクティブ・ラーニング』の三つの視点からの学習過程の質的改善」であるが、これはOPPシートの「学習履歴」に匹敵する。「学習履歴」は、学習者が自らの力でまとめ上げ、それに対して教師がコメントを加え間接的な対話を通して学びを深めるという、まさに図2の中心にある「三つの視点」が反映されている。

　三つ目は、「既有の資質・能力」と「育成された資質・能力」を通して見通しを立てたりふり返ったりする学習活動とOPPシートによる自己評価の類似点である。学力とは学びの変容でありそれを学習者にどう自覚させるかという前提に立てば、必須の視点の一つとなる。ただ、学習指導要領は、学ぶ意味などを自覚させる「学習としての評価」という自己評価まで明確に意識していないと考えられる。

　このように検討してみると、新学習指導要領の学力観とOPPシートのそれはかなり類似していると思われる。こうした両者の類似性から、前者の意図するねらいを実現する一つの方法として後者があると判断できるだろう。

2　OPPAの意義と内容

　OPPAの意義については、OPPシートの内容のところで述べるが、ここではもう少し大局的な観点からその意義について触れておきたい。

（1）OPPAの意義

①　教育の本質である学びの成長の実現

　教育の本質とは、学習や授業と関わって言えば、既有の資質・能力をよりよく育てる学習者の成長であると捉えることができる。端的に言えば、学習者が質的に望ましい変容をとげることである。OPPシートを構成する基本的要素とここで言う教育の本質がどう関わっているか、以下4点を挙げることができる。

　一つ目は、学習による質的変容を確認するために、学習前・後に全く同じ本質的な問いを設定していることである。これは、学習者の資質・能力を可視化する上で欠かせない。

　二つ目は、学習による質的変容を促すために、教師が学習履歴に対してコメントなどの適切な働きかけを行っていることである。

　三つ目は、学習による質的変容を自覚させるために、学習全体をふり返らせる自己評価を働きかけていることである。

　四つ目は、学習の質的変容を保証するために、教師もOPPシートを用いて成長を図るように授業を改善できることである。学習者が資質・能力を高めるためには、教師が力量を高め、よい授業をすることが重要になる。

　以上の4点は、いずれも教育の本質である学習者の望ましい成長を図るためにOPPシートを活用して、普段の学習や授業の中で行うことができる。

②　OPPAの教育における汎用性と専門性

　OPPAは、教育実践において多くの汎用性を持っている。ここで汎用性とは、教育実践における多くの場面での活用可能性を言う。具体的に言えば、小学校は言うに及ばず、大学・大学院レベルでも使うことができることである。また、あらゆる教科・科目で、運動会や朝読などの教科外の活動においても使うことができる。要するに、学習者が教育活動に取り組むあらゆる場面や内容において使えるという意味での汎用性を持っている。

　次に、OPPAの専門性とは、教育の本質に迫ることができるという意味である。ここで、教育の本質とは、前項で述べたように学習者の教育による成長を意味している。学習や授業は、もともと教育の本質を追究するために行われていたと考えられる。

　また、ここで言う専門性は、学習や授業と関わって特定の情報を得ることができたり特定の資質・能力を高めたりすることなどを意味している。つまり、他のやり方ではできない特定のことが可能になるという意味である。OPPAでは、主として以下の二つの専門性を持っている。

　一つ目は、OPPシートを用い必要最小限の情報を収集し、それを最大限に活用して学習者の成長を育むという教育の本質に迫ることである。

　二つ目は、OPPシートを用いることにより、思考力・判断力・表現力や自己評価力などの資質・能力を育むことができる点である。

　ふつう汎用性と専門性は通常相容れない概念として捉えられている。しかし、ここで検討したようにOPPAはこの両者を併せ持つ考え方であると言える。

（2）OPPシートの内容

　すでに述べたように、OPPシートは図1に示した4要素から構成されている。これらの要素は、以下の三つの要件を満たすための内容となっている。

①　必要最小限の情報を最大限に活用するための内容

　学習や授業に影響を与える要因は極めて多い。多忙を極める学校現場では特に、情報はたくさんあればよいというものではない。どうしても必要な情報は何か考えたときにOPPシートを構成する4要素になったのである。

　要するに、OPPシートは、学習や授業に影響を与える要因として、どうしても必要な最小限の情報を最大限に活用しようとしているのである。この点については、いわゆるふつうのポートフォリオ評価と比較してみればその違いが明らかであると考えられる。

②　学びの変容を知り授業の適切性と改善の要点を知るための内容

　学習や授業において必要とされる情報の中で、学習者には学習により自分の何がどう変わったのかを知る必要があると考えられる。とりわけ、学習者自身が学びの変容を自覚できるように学習や授業が行われるべきであると思われる。それと同時に、授業は学習者がどう変わったのかによりその適切性が判断されるべきであると考えられる。その結果、授業の改善が行われるべきであるので、それに必要な内容が求められている。

③　学ぶ意味や必然性、自己効力感を得るための内容

　上で述べた学びの変容を学習者が知るのは、学ぶ意味や必然性、自己効力感を得るために、きわめて重要になってくる。これは教育の目的とも関係するのだが、学ぶことは何のために行うのかということを、教師が知っているだけでは駄目で学習者自身が知るための

働きかけが必要になってくる。学習や授業により何がどう変わり、それについて自分がどう考えるのかを学習者自身に自覚させるのが難しいので、教師による支援が求められている。そのとき重要なのは、実際の学習内容を基にして学習者が自己評価を行うことが重要になってくる。

3　OPPシートの作成と活用

　すでに述べたように、OPPシートは一枚の紙を使って作成する。紙の大きさは、A3判が一番よいと考えているが、必要とする情報量によってはB4判でもよい。用紙が用意できれば、あとはOPPシートの要素をどうレイアウトするかに過ぎないのだが、レイアウトの仕方と使い方が不適切であると本来の効果を生み出すことができない。

（1）OPPシートの作成と活用のポイント

①　使用する単元の決定

　OPPAはほとんどの教育実践で活用できるので、シートの作成が単元でない場合もある。ここでは、多くの場合、教科・科目で用いられるので、単元を事例にして説明する。OPPシートは、基本的にはどの単元でも適用できるため、年間を通して使う場合は決めるまでもない。また、「学習履歴」は毎時間書かせることが望ましい。

②　OPPシートの問いの作成

　OPPシートを構成する要素で必要とする「問い」は、「本質的な問い」、「学習履歴」の問い、「自己評価」の問いの3種類である。いずれも、パフォーマンス課題である。このうち作成に一番手を焼くのが「本質的な問い」である。

　「本質的な問い」は、すでに述べたようにその単元で学習者に最も理解してもらいたいことや身に付けてもらいたいことなどを、学習前・後において変容の比較が可能なように全く同じ問いで確認する。こうした問いは、ふつうは単元を通して一つ程度であるので、それは、単元内容全体を網羅していることが求められている。それゆえ、作成が難しいのである。しかし、これに近いことは学習指導案の作成のときに行っている。学習指導案の指導ないし学習目標を問いの形にしたものが「本質的な問い」と考えてもらえばよい。「本質的な問い」の作成は、とりもなおさず教師が当該単元に対する明確な目的意識とそれに対する適切な回答を持ち、それに向けて授業構成と適切な修正を行っていくことに他ならない。

　次に、「学習履歴」の問いであるが、これは毎時間「今日の授業で一番大切なことを書

きましょう。」で変わらない。教師は、ふつうに授業を行い、その後で学習者に本音でこの問いに答えてもらうわけである。本音で答えてもらうためには、この回答に対して評価を行ってはならない。教師の評価が入ると、意識するしないにかかわらず教師の良い評価を得るために、どうしても教師好みの回答内容になることが避けられないからである。

　また、「今日の授業で一番大切なこと」を学習者に求めるのは、学習者が授業をどのように理解しているのか、何が結果として獲得されているのかを確認するためでもある。もし、教師が求めていることが書かれていなければ、その授業は、たとえ教師が良かったと思っていたとしても、学習者側からすれば改善の必要があったことを示しているのである。

　ここで、教師の求める課題がクリアされていたとしても、その「学習履歴」に対して、学習の質を高めるためにどのようなコメントを一人一人に与えるかという課題が残されている。これに対応するには、教師にかなりの力量が必要とされるため相当難しい。

　最後に、「自己評価」の問いは、おおむね「学習前と後を比較して、また学習全体を通して何が変わりましたか。変わりませんでしたか。そのことについてあなたはどう思いますか。自由に書いてください。」という内容である。学習の変容を学習者が書いた具体的な内容を基にして回答するようになっている。どんな学習者にも、たとえどんなに些細であっても学習による変容は必ずある。それに気付かせるための働きかけであり、そのことを通して教育の本質である学ぶ意味や必然性、自己効力感を感得させようとしている。それは、これが資質・能力を育成する重要な要素の一つであると考えているからに他ならない。それゆえ、教師は学習者がそれに気付くことができるような授業を行う必要がある。

③　単元全体の時間数とOPPシートのレイアウト

　OPPシートを構成する要素に使う問いが決まったら、今度は一枚の用紙にそれらをどう配列するかという問題である。つまり、OPPAの効果が最大限に発揮できるようにするための配列である。学習前・後の問いは、両者が比較できるようにする、学習前の問いから出発して学習履歴を毎時間書き、学習後の問いを経て、最後に自己評価の問いにたどり着けるような、いわば道順を明確にして紙面に配列する作業である（図1参照）。

　こうした道順を明確にした上で、一枚の紙を表面だけかそれとも裏面も使うのかによってレイアウトが異なってくる。たった一枚を表面だけ使うのはもったいないし、得られる情報も限られるので、表裏両面を使うことをお勧めしたい。そこで出てくるのが、紙を二つ折りにするか三つ折りにするか、あるいはまた四つ折りにするかである（図3は三つ折りの例）。基本的には、上で挙げた条件を満たしていれば、あとは使いやすい形を選べばよい。

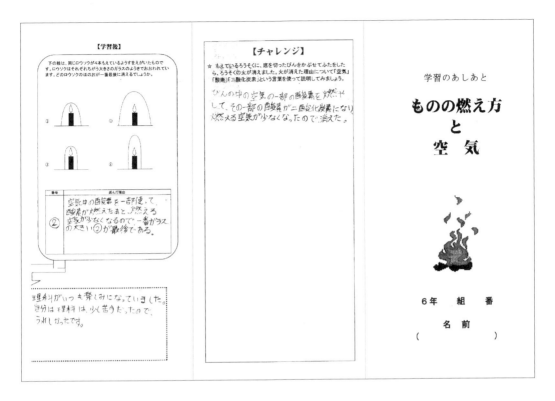

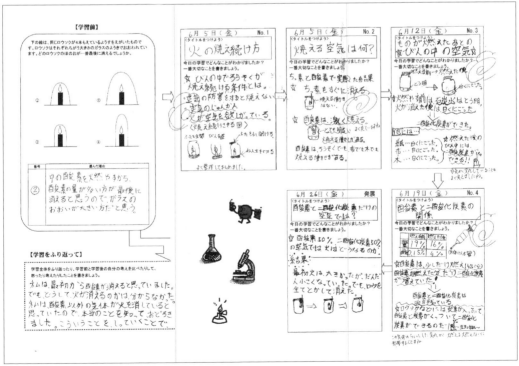

図3　OPPシートの実際：三つ折り（上が表面、下が裏面。小学校6年理科「ものの燃え方と空気」山下春美先生実施）
出典：山下春美・堀哲夫「形成的評価を活用した授業改善に関する研究―OPPシートによる学習履歴の検討を中心にして―」
　　　『山梨大学教育人間科学部紀要』Vol.12、2011年、pp.327-337

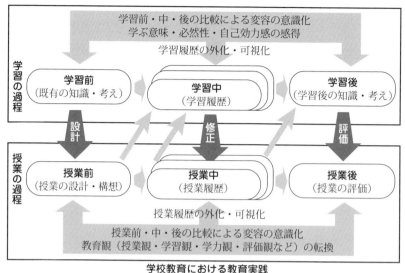

図4　教育実践における学習と授業の過程及び変容の把握

④　学習者と教師の双方向性の重視

　ここで、OPPシートを作成し活用するときのポイントを整理しておきたい。最大のポイントは、図4に示したように、学習と授業、言い換えると学習者と教師の双方向性の重視である。具体的に言うと、学習者が書いた既有の知識や考えを基に授業を構成し、学習履歴を確認して授業修正を行うという相互作用の関係である。つまり、学習の結果を見て授業過程で形成的評価を行うということになる。このような目的を達成するためにOPPシートが存在し、そのための情報を得るのである。

　ここでは、OPPシートの作成と活用について学習者用のシートを中心に述べたが、図4から明らかなように、教師用のOPPシートも一緒に作成すると授業改善に効果を発揮すると考えられる。

（2）教師によるOPPシートの活用

①　学習者の実態把握

　教師がOPPシートを活用するのは、何よりもまず学習者一人一人の実態を把握する点が挙げられる。医者は患者の病状を的確に診断しなければ、適切な治療を行えないのと同じように、授業で求められているのは学習者一人一人の学習状況を可能な限り知り、適切な働きかけを行うことである。そうでなければ、一人一人の資質・能力を高めることはできない。

②　「学習履歴」の質的向上に対する働きかけ

　OPPシートの活用は、一時間一時間を大切にすることでもある。そのため「学習履歴」

の「今日の授業で一番大切なこと」に書かれた内容の質的向上を図ることも重要になってくる。そのため、以下の2点を重視したい。

　一つ目は、学習者が毎時間書いた内容は、その時点での学習者の知識・技能や思考力・判断力・表現力などの資質・能力を示しているので、それが高められるよう学習者が表現した内容に対して適切なコメントを加えることである。いわゆる、これまでにも重視されてきた最近接発達の領域への働きかけである。一人一人の学習履歴に対する働きかけは、医者が患者に対して個別に対応して治療を行うように、学習者の資質・能力も一人一人異なっているのできわめて重要であるのだが、これは一クラス40人近い学習者がいる授業時間内ではできない。したがって、OPPシートの「学習履歴」に対する適切なコメントは必須である。

　二つ目は、「学習履歴」の「授業で一番大切なこと」について学習者自身の基準を考えさせることである。OPPシートを使っても、何の働きかけもしないと学習者の資質・能力は高まらない。そこで考えられるのが「授業の一番大切なこと」の条件や要素を学習者に考えさせることである。一番大切なことの中には何が含まれていなければならないかを学習者自身に考えさせクラスで発表させ、教師が適否の判断をせず学習者自身に大切だと思った要素をその中から選ばせ使わせるような指導が求められている。いわゆる学習者自身に評価基準を作成させるやり方である。このような基準作りは教師がこれまで行っていたのだが、それでは力はつかない。

③　教師と学習者との間接的コミュニケーション

　前項で学習者一人一人の資質・能力に働きかける必要性と重要性を指摘したが、これは言い換えるとコミュニケーションを図っていると捉えることができる。直接ではないが、学習者の書いた内容に対して教師がコメントを書いて働きかけを行うことになるので、間接的なコミュニケーションを学習者一人一人と図ることができるわけである。

　小学校のクラス担任制の場合は、一日の学校生活の中で学習者一人一人とコミュニケーションを図ることは比較的容易であるが、中学校や高校のように教科担任制の場合はこれが難しい。OPPシートは、小学校はもちろん中学校や高校においても、学習者一人一人と資質・能力を育成するための適切なコミュニケーションを図る道具と考えることができる。

④　教師個人でできる授業改善

　すでに、OPPシートの構成要素の「学習履歴」のところで教師の意図する「授業の一番大切なこと」と学習者の書いた内容にズレがあれば、授業内容が適切でなかったので改善する必要があることは述べた。それ以外にも、図4の説明で、OPPシートによる授業改善のための形成的評価が可能であることも述べた。この他に、OPPシートを使えば、教師が一人でも授業改善を行うことができるという利点が挙げられる。これまでの授業改善は、一人で授業研究を行うことが難しかったり、手間暇がかかったりすることが多かった。

OPPシートを活用すれば、一人で比較的簡単に授業改善を行うことができる。

（3）学習者によるOPPシートの活用

①　自己の学習状況の把握

まず、学習者は教師の求めているOPPシートの問いに対して回答することにより、学習課題に対して自分の学習状況が学習前・中・後を通して把握できることである。さらに、学習前の出発点である既有の知識や考えが明確になっており、学習過程の成果が一回一回確認できるので学習目標を明確にしやすくなり、主体的で対話的かつ深い学びが可能になり、何が身に付いたのかが可視化されることに大きな意味がある。

②　学びを深める教師のコメントに対する回答

OPPシートの毎回の「学習履歴」に記録した内容に対して、教師が適切なコメントを書いて返却するので、授業内容よりも学習を深めることが可能になる。つまり、教師が書いたコメントは、例えば学習者の不十分な点やさらに力をつけるための内容を含んでいるので、自分の学習状況が具体的学習内容を通して可視化され、理解や思考の深まり、深い学びへとつながりやすくなる。

③　学ぶ意味や必然性、自己効力感の感得

学びの意味や必然性、自己効力感は、OPPシート全体を通しての学習のふり返りである「自己評価」を通して感じ取ることが多い。なぜならば、学習前・後の「本質的な問い」や学習過程の「学習履歴」を通して変容を可視化し、OPPシート全体をふり返らせているからである。学習前・後の望ましい振れ幅、すなわち変容が大きいほどその意識は強くなる。OPPシートは、教師がいかにして学習者にそのような働きかけを行っていくかを助ける道具と考えてよい。

④　自己の成長の感得

OPPシートの意義のところで指摘したように、シートを学習の中で使うことにより、学習者自身に成長を実感させることができる。その背景には、前項で挙げた変容を可視化し意識化するOPPシートの働きかけが大きく寄与している。学習や授業を通して、教育の本質に迫ることができるという意識を、教師は強く持つべきであると思う。

4 OPPシートと評価の３観点の関係と見取り

OPPシートは、すでに述べたように、あくまで学習者の本音を表出することをねらいとしているので、学習者に対する評価には使わないことを原則としている。そうは言って

も、教師は学習指導要領で定められた内容に従って授業を行うのであるから、当然目標を持っている。目標を持っているということは、教師自身はそれに対して評価を行っており、それはあくまで学習者を評価するのではなく、あくまで自分自身の授業改善に使うという意味で考えているからである。その前提の上で、本項の議論を進めたい。

　学習指導要領では、評価の観点が図2の中央左側に挙げた三つに定められた。それらとOPPシートの関わり、見取りと指導の改善を中心に検討する。以下の検討の中で、各観点を中心にして述べていくが、他の観点について触れられていないから全く関係ないということではなく、3観点は相互に依存し合っていることを最初に断っておきたい。

（1）OPPシートと「知識・技能」

　「知識・技能」の観点に関しては、OPPシートの中で以下のように見取りと指導の改善を行っていく。

　OPPシートの「本質的な問い」では、学習者の「既有の知識や考え」を確認する中で「知識・技能」を見取り、その前提を踏まえ授業構成を行うことになる。学習中の「学習履歴」においても、当然どのような「知識・技能」が身に付いたのかを学習者の記録から確認していくことになる。もし、不十分、不適切な点があれば、次時に修正や改善を図ることになる。これは、以下の観点でも同様である。

（2）OPPシートと「思考力・判断力・表現力」

　「思考力・判断力・表現力」の観点は、シートでは主に「学習履歴」が中心になって見取り、改善、育成が行われることになる。「学習履歴」は、「今日の授業の一番大切なこと」を学習者にまとめさせるのであるが、これは、学習した内容の中で何を使うか判断し、それをどう表現するか自分の頭で考えることを伴っている。

　こうした活動を毎時間行う効果は、その現状を見取ることだけにとどまらない。すでに述べたように、「一番大切なこと」に含まれる要素を学習者に考えさせる、つまり評価基準を自分の中に確立させる活動にも利用できる。

　とりわけ大きい効果であると考えられるのは、毎時間「一番大切なこと」を考えさせる活動は、評価が「思考力・判断力・表現力等」の育成になっていることである。つまり、「資質・能力を育成する評価」である。これまでの評価観にこの視点はなかった。

（3）OPPシートと「学びに向かう力・人間性」

　「学びに向かう力・人間性」の観点は、主としてシートの自己評価の欄で見取ることができる。「学びに向かう力・人間性」の内容に関しては、いろいろな捉え方があるかもしれないが、ここでは単なる「興味・関心」を超えて「学ぶ意味や必然性、自己効力感」を

得ることと捉えておきたい。

　「学ぶ意味や必然性、自己効力感」の感得とすると、それは学びの変容から生じると押さえることができるので、具体的になり、OPPシートを通して確認できる。

OPPAを効果的に活用するための条件

　OPPAは、適切に活用すれば、教師の想定外の学習者の可能性を引き出すことができる。これまで検討してきた中で触れた以外の条件について挙げてみたい。

（1）OPPシートに対する評価の問題

　OPPシートに学習者が書いた内容をそのまま評価に使うことは、学習者の本音を引き出せなくなるので、避けるべきだと指摘してきた。OPPシートより得られる結果は、あくまで教師の指導に生かすことを前提に考えるべきだと、あらためて確認しておきたい。

（2）教員個人の教育観の問題

　経験を積み重ねた教師ほど、「たった一枚の紙切れよりも、自分の培ってきた経験、勘、コツなどの方がずっと頼りになる！」と思いがちである。もしかするとそうでないこともあるかもしれないので、一度使ってみることをぜひお勧めしたい。経験に裏打ちされた価値観、すなわち教育観は、それと異なる事実などが可視化されるという現実との対峙がなければ、それを再考することはあり得ないからである。

（3）OPPAの導入に対する校内体制

　OPPAを導入するとき、学校の全教員が賛同し導入すれば、研究体制も統一がとりやすくなるのだが、前項で述べたように教員個人の教育観は多様である。一様な教育観が必ずしも最善であるとは限らないので、教員一人一人固有の価値観を尊重し、教育の本質は何か、授業でそれをどう追究するべきか、授業改善には何が必要なのか、学習者の資質・能力の育成にはどうすればよいか、学習者が授業をどう捉えているのかをいかに可視化するべきか等々の十分な議論を経た上で、校内体制を構築するべきであると考えられる。

　小学校では、全教員が全教科を担当することが多いので、比較的同じ研究体制をとりやすい。中学校以上になると教科や科目の担当になってくるので、同じ領域でないと研究の意思統一が図りにくくなる。そこで例えば、OPPAの考え方を導入すれば研究体制を整えやすくなるだろう。

（4）OPPAの研修会

　OPPAの研修会は、毎年8月第三土曜日に無料で実施されてきているので、詳しく知りたい場合は、参加してみるとよいだろう[2]。

●注

1　紙数の関係から、引用の詳細は省略するが、OPPAに関しては以下の文献を参照されたい。堀哲夫『新訂　一枚ポートフォリオ評価OPPA——一枚の用紙の可能性—』東洋館出版社、2019年。その他、『教育実践学研究』（山梨大学教育学部附属教育実践総合センター発行）に、多くのOPPA関係論文が掲載されている。

2　http://park.saitama-u.ac.jp/~masanaka/index.html

第 9 章

思考力の育成を目指す
「子どもが問題を作る」授業

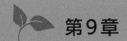

第9章

思考力の育成を目指す
「子どもが問題を作る」授業

平 田 豊 誠

1 作問と作問指導

（1）作問してみよう

　まずは、本シリーズ『第3巻　評価と授業をつなぐ手法と実践』の第1章と第2章または第3章から第5章までの内容の理解度を見取るための問題を作ってみよう。

　その問題に対して、模範解答を作成してみよう。

　次に、解答するにあたって、入れ込んでおいてほしい内容やキーワードを取り入れた採点基準を示してみよう。

　さて、問題を作るためにはどのような工程を行っただろうか。いざ出題するとなった場合、各章の内容をあまり覚えていなかったり、理解できていなかった場合、きっとテキストを振り返ったり、要点を確認し直したりしたことだろう。出題するにあたり、各章の内

容をどれくらい理解しておいてほしいのかを見極めたことだろう。そして、自分なりの理解しておいてほしい到達基準に基づき模範解答を作成したことだろう。ただし、作成した問題の解答の幅が大きい場合（解答の自由度が高い場合）、ある程度の解答の方向性を指定することが望ましい。そのために、解答者が解答にあたって参照する採点基準を作っておくことをお勧めする。作問を行うこれらの流れを子どもたちに体感させ、学習効果を得ていくための方法をこの章では考えていく。

　この章の終わりになって、本巻第1章から第8章までの内容について、読者の皆さんは総合的な理解度を問うことができる問題を作ることができるようになっていることだろう。

（2）学校教員が問題を作るということ

　この章の主題は、子どもが問題を作る授業を通して思考力を育んでいくことを解説することである。その前に、教授者である教員の作問する力量について考えてみる。授業を考えていく手順として、子どもにつけたい力（教育目標）→深い学びを実現しそれを測り取る評価方法（学力評価の方法）→学習活動や授業（授業づくり）という流れが提唱されてきている。二つ目の学力評価の方法として、教員の作問する力量が必要となってくる。ここでの作問とは、従来形式の問題のみならず、図1のような様々な形式とねらいを持った問題を作っていくことである。

　教員の作問能力の低下が懸念されている。特に小学校の教員は、問題を作るという経験のないまま教員となり、授業で実施するテストもいわゆる業者作成の（学校教育専用ではあるが）市販のテストを用いているため、作問能力の向上は難しい現状がある。

　中学校、高等学校の教員は定期テストがあるため、問題を作るということに対しては小

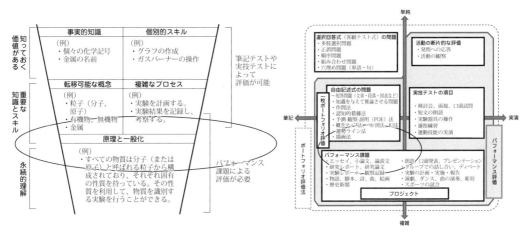

図1　左：「知の構造」と評価方法の対応（例は理科の場合）、右：評価方法の分類
（どちらの図も堀・西岡（2010）より引用、左右の図中の楕円は筆者加筆）

学校教員に比較して慣れている。しかし、多くの問題内容は従来の入試問題のような形式にとどまっている現状がある。また、授業改善（言語活動の充実や主体的・対話的で深い学びを目指した授業を行っている）を積極的に行っていても、定期テストの改善にまで至っていない現状がある。そのため、学習者のテスト方略も従来形式の問題を解くということになっており、（せっかく教師側が主体的・対話的で深い学びを実現するような授業を行っていたとしても）学習者の授業方略との乖離が生じてしまっている。

　これらの現状も踏まえ、授業の実態に応じたテスト形式や評価の方法の多様性、問題や課題の多様性も求められ、実際に多様なテストや課題を用いるべきとされてきている（堀・西岡、2010）（図1）。教員が課題（問題）を作るときにも、図1左の「知っておく価値がある」「重要な知識とスキル」を一般化し、使える知識としての「永続的理解」へとつなげていくことができるパフォーマンス課題となり得るように意識しておくとよいだろう。この考え方は子どもが問題を作ることにも当てはめていくことができる。次の節では子どもが問題を作る作問指導の意義について見ていこう。

（3）子ども自身が問題を作る取組（作問指導）の意義

　作問指導の学習効果や意義は1980年代より多くの文献で語られてきている。近年であれば、平嶋（2005）、平田（2015）、竹中・室田（2018）、平嶋（2019）などによくまとめられている。表1は作問学習についての分類と意義、関連する事項、評価の観点との関連をまとめたものである。この中の「探究としての作問」を行うことは、図1の楕円部分に示される、筆記や実技テストによる評価の部分とパフォーマンス課題による評価の部分との境界領域を埋めることができると考えられる。

　作問指導では、そのすべてに通底する意義として、作問によって学習者の行う問題解決や学習態度についての改善につながっていることがわかる（平嶋、2005）。今まで「問題」は教師（やテスト）によって出題されるものであり、学習者にとっては受容するものであった。しかし、学習者が作問することによって、学習者自身が問題は学習した内容によって構成されているという認識が生じる。この認識は問題解決や学習対象そのものに向き合う原動力となり、「問題」のもととなる学習内容（学習対象）にコミットする姿勢や態度が養われると考えられる（竹中・室田、2018）。これらより、「探究としての作問」を行っていくことで、思考力・判断力・表現力等を育むことにつながると言える。

　では実際に子ども自身に「探究としての作問」をどのように提供していくとよいのだろうか。次節では具体例をもとに授業展開・方法について説明していく。

表1 作問学習の意義及び主に関連する事項と評価の観点との関連（竹中・室田（2018）をもとに追記）

平嶋（2005）より			竹中・室田 （2018）より	追　記
分　類		意　義	主に関連 する事項	評価の観点 との関連
自己関与としての作問（すべての作問において認められる意義）		問題を作ってみることは、問題に自身が関与してよいことに気付かせる効果があり、これによって自身の行う問題解決や学習対象そのものに対する学習態度も改善される。	姿勢 態度	主体的に学習に取り組む態度
	探究としての作問	問題の構成要素あるいは条件を様々に変更してみて、その変更がどのような結果をもたらすのかを考えてみるといった作問である。この作問の場合、どのような問題を作るかはあらかじめわかっている必要はなく、作った後にその問題を吟味することが重視される。この吟味において、既習事項の意味を再検討したり、あるいは既習事項の限界や未習事項の存在に気付いたりすることが期待できる。	思考 判断	思考・判断・表現
	設計としての作問	作る問題に対する要求仕様があり、その仕様を満たす問題を作るといった場合である。例えば、ある解法で解ける問題を作るといった場合であり、問題を作るためには、その解法が適用できる問題がどのような構成になっているか明確に意識していることが求められ、解法に対する理解を促進することが期待できる。	理解	知識・技能

2 子ども自身が問題を作り合い答え合う取組（作問指導）

（1）場面解決型問題の作問指導の特徴とねらい

　平田（2015）を参考に、子ども自身に問題を作らせる取組（作問指導）を中学校理科の授業を例に示していく。これから示す作問をその過程も含めて、場面解決型問題という呼び方とする。場面解決型問題の特徴は2点ある。1点目は、解答が一つの方向性とは限らないオープンエンド形式の問題としている点である。2点目は、学習者自身が設問の作成から解答例、採点基準の作成及び採点までを行うという点である。

　場面解決型問題では、設定された場面があり、その解決にあたっては、今までに学習した理科の学習内容を使用し、様々な分野や単元内容を関連付けて解決していかなければならない。その思考過程において、知識の活用を図り、思考力・判断力・表現力等を育成していくことをねらいとしている。これは表1の「探究としての作問」に当たる。

　オープンエンド型の問題作成を採用する理由として、図1において、筆記や実技テスト

による評価の部分とパフォーマンス課題による評価の境界領域を埋めることができると考えられる（図1で示された楕円部分）からである。

　場面解決型問題を導入した授業では以下の2点の学習効果を期待している。

---

①　作問による知識の活用を行う力の育成。

②　オープンエンド形式の問題に答えることによる思考力・判断力・表現力等の育成。

（2）作問指導の授業例

　作問指導の大まかな授業の構成を図2に示す。

　1時間目の授業では、ガイダンスを行い、場面解決型問題の下書きまでを行う。

　場面解決型問題とは実際どのようなものかの説明を行い、例題を提示し（図3）、例題を解いてみることによって、場面解決型問題というものの性質を学ぶようにする。これを踏まえた上で、場面解決型問題の下書きを作成するように指示をする。

1時間目	場面解決型問題の説明と作成
	・例題を解く→下書き問題を作成する
2時間目	問題作成の続きと推敲、及び採点基準と模範解答の作成
	・下書き問題に対するコメントをもらう
	・4人グループでの意見交換
	・問題を推敲し、問題を完成させる
	・模範解答及び採点基準を作成
3時間目	場面解決型問題を生徒相互で解き、採点、議論を行う
	・他者の問題に解答
	・出題者は採点基準に従って採点し評価

図2　授業の流れ

【例題】分野：2分野　　単元：大地の変化　　項目：岩石
　　　　タイトル：石の博物館

> 　あなたは新しくオープンする石の博物館の館長です。来館者の興味をひくためにはわかりやすい分類が必要です。そこで、理科の学習の手助けとなるような石の博物館をレイアウトして下さい。どのような展示を行うのか、そのように考えた理由を必ずつけて答えて下さい。

【採点基準】

1.　学習の手助けとなる分類を行っている。	
2.　科学的な根拠を基に分類を行っている。	
3.　同じ岩石群をいくつかの観点で分類しなおしている。	
4.　分類や展示の理由をしっかりと述べている。	

図3　場面解決型問題の例題と採点基準例
（平田（2015）から再構成）

☞ **point**

　子どもたちは作問というと、定期テストや問題集のような従来型の問題を作りがちである。例題を解くことで、場面解決型の問題の特性をつかむようにする。

　一度経験するとこの1時間目を省略することも可能となってくる。

2時間目の授業では、問題作成の続きと推敲、及び採点基準と模範解答の作成を行う。前時において作成した下書き（図4.1）を生徒間相互に一度解いてみて、解答者が解答しづらかった点などを作成者にコメントとして返す（図4.2）。これらのコメントをもとに、作問された問題に対する、<u>4人グループでの意見交流を行う</u>。作成者はコメントや意見交流の内容をもとに、自分の問題を推敲し問題の完成度を高めていく（図4.3）。その後、問題に対する模範解答（図4.4）及び採点基準（次ページ図4.5）を作成していく。

図4.1の下書き段階に対して、図4.2のようなコメントがなされた。これらのコメントを受けた形で、作成された問題（図4.3）には、解答の方向付けを示すとともに、答えるにあたっての条件を三つ以上五つ以内との設定を付加していくといった工夫改善を行った（下線）。

模範解答（図4.4）には、自らが指定した条件の個数である5個を入れた形で示している（下線）。採点基準（図4.5）には、五つの基準がある。そのうちの2、3、4において、解答内容に関する採点基準が示されている（下線）。この採点基準によってオープンエンド形式の問題では、解答をしていくための方向付けを示す（ある程度のレンジ幅となる）指針となっている側面もある。

分野	1	単元	物質の姿と状態変化	項目	水の三態変化

問題タイトル：水の行方

気がつくとあなたは今まさに1粒の雨となって地上に降ろうとしています。これからあなたの長い旅が始まります。さて、あなたはどこに移動し、どのように変化していくでしょうか。あなたの理科の知識を総動員して、あなたの長い旅を考えてください。なお解答にあたっては、どのように変化し、どのような道のりなのか、詳しく答えてください。

図4.1　場面解決型問題の下書きの例
（平田（2015）をもとに再構成）

コメント1人目
　生活用水になるなど、いろいろな使われ方があるのですごく難しい。
コメント2人目
　解答がありすぎるから限定すればいい。

図4.2　下書きに対するコメントの例
（平田（2015）をもとに再構成）

改善問題文
　気がつくとは今まさにあなた1粒の雨となって地上に降ろうとしています。これからあなたの長い旅が始まろうとしています。さてあなたはどこに移動し、どのように変化していくでしょうか。あなたの理科の知識を総動員して、また雨になるまでの長い旅を考えてください。<u>なお、解答にあたっては、どういう風に変化し、どのように移動するのか、三つ以上五つ以内の再び雨が降るまでを詳しく書きなさい。</u>

図4.3　コメントを受けて改善された問題例
（平田（2015）をもとに再構成）

模範解答
　雨として降った後、<u>下水道管をつたって川に流れ</u>ます。そして、そのまま<u>海に流れ</u>、太陽の光によって温められて、<u>蒸発し、水蒸気となって上に上がり</u>ます。ある程度高いところまでいくと、水蒸気が凝縮され、<u>小さな水や氷の粒になり、雲として</u>空中に浮かびます。そして、水や氷の粒がだんだん大きくなったり、急激に冷やされたりした場合に<u>水滴となり雨として再び降ります。</u>

図4.4　問題作成者によって作成された模範解答
（平田（2015）をもとに再構成）

採点基準
1．科学的な根拠に基づいた過程が含まれているか
2．もう一度雨になるまでの道のりを<u>3つ以上5つ以内</u>で書けているか
3．雨として降った後の道のりが書かれているか
4．雨として降った後の<u>変化</u>が書かれているか
5．詳しく書かれているか

図4.5　問題作成者によって作成された採点基準
（平田（2015）をもとに再構成）

実際の解答
まず、雨が地上に落ちてからは、しばらく液体のままで、<u>水たまり</u>になります。それから晴れてくると、水たまりの水も次第に蒸発していきます。そして、その<u>蒸発した水蒸気</u>は、空の方へと上がっていき、<u>水の粒が集まった雲</u>になります。そして、その雲が水蒸気（他の）で大きくなっていき、再び液体の小さな粒となり、再び雨として地上に降ります。

図4.6　生徒によって書かれた解答の例
（平田（2015）をもとに再構成）

☞ **point**

　下書きに対する4人グループでの意見交流時の討議と相互助言が重要である。このときに、子どもたちはどうしたら下書きの問題がより良いものとなっていくのかを、持っている知識を総動員し、グループで意見を出し合いながら考え助言している。この過程で思考力が育まれる。最終的に作問者自身が自分の問題を推敲し問題の完成度を高めていくことで、思考力・判断力・表現力等が育まれていく。教員は机間指導時において、問題内容について適切な介入・言葉かけを行うようにしたい。

採点及びコメント		
	評価	コメント
1	A	とても詳しくかけていてすごいと思います。
2	A	
3	A	その後の雨の変化や道のり、なぜそうなるのかとてもわかりやすかったです。
4	A	
5	A	

図4.7　生徒によって書かれた解答の例
（平田（2015）をもとに再構成）

　3時間目の授業では、場面解決型問題を生徒相互で解き、出題者は採点基準に従って採点し評価・コメントを行う。このときには、2時間目とは異なった4人グループを形成することが望ましい。一つの問題につき5分程度の解答時間を設け、作問者以外の3人がそれぞれの問題に解答するようにする。図4.6は解答例を示している。この生徒は三つの条件を記載することができている（下線）。作問者が、採点基準（図4.5）に照らし合わせ、評価及びコメントを返すようにする（図4.7）。

　3時間目の相互解答では、3問解くことになる。解答するにあたり、単元の学習内容について3回問われることとなり、総合的な理解を求められるとともに、理解を深めたり、復習したりすることにつながる。加えて、解答を表現することから表現力も育まれる。また、採点のフィードバックもこの時間中に行われるため、理解度の増進にもつながる。

☞ **point**

　　教員の評価活動もこの時間中に行うことを勧める。完成した問題から、思考・判断・表現に関する評価が可能である（2時間目の話し合い活動や推敲時に思考力を働かせた結果としての問題であるため）。子どもたちが相互に解き合っている間に（机間指導時に）、問題の内容について評価しておくようにする。また、相互に解き合い相互に採点・フィードバックしているため、教員による採点時間が生じないというメリットがある。机間指導時に知識面の評価も実施することが可能である。

　読者の皆さんに実際に授業を実践してもらうことで、作問指導の授業効果について教員として大いに実感できることであろう。実践現場においてはこの手ごたえだけでも十分だと思われるが、次項では、子どもたちが問題を作り合い答え合う授業の学習効果について平田（2015）をもとに見ていくことにする。

（3）作問指導における学習効果

　作問を通した授業では、問題を解くだけの授業よりも、多様で柔軟な考えを促進し、問題解決力、理解力を伸ばし、知識を多くし、定着させる機会を与えてくれるなどの学習効果が多数報告されている。竹中・室田（2018）によると作問の形態には、物語ベースの作問、問題ベースの作問、解法ベースの作問があるとされ、その中で場面解決型問題の作問は、物語ベースの作問であるとされている。

　オープンエンド型の場面解決型問題を、学習者自ら作成し、学習者相互に推敲し、問題を解くという作問指導を通した学習活動を取り入れていくことは、学習者にとって、学習効果感を生み、思考を行い、表現するという力を高めていくことに有効である。

　2時間目のメインである学習者が作問するということでは、知識の活用や問題作成時の思考についての効果感が高い。これは表1の「探究としての作問」にあたるだけでなく「自己関与としての作問」を含んでいると言える。

　3時間目のメインであるオープンエンド型の問題を相互に解くという学習では、知識を活用する力、科学的に考える力、記述問題に答える力についての効果感が高く、学習者自身がその学習効果について実感している。これは表1の意義や評価の観点との関連における、知識・技能の定着、理解につながっている。

　また、2時間目の場面解決型問題の作問場面において、作問過程には学習者による思考が伴われていることが確認され、学習者の思考が行われている学習課題であることが実証されている。特に問題推敲時において思考活動が伴っていたことが実証されている。

　以上から、場面解決型問題の作問・解答という授業を行うことは、学習者自身による実

感を伴った知識・技能の習得と活用、それらをもとにした科学的に考える力の獲得、向上に効果があり、思考力・判断力・表現力等を育成する授業プランとして機能していると言える。ぜひ担当の教科、単元の例題を一つ作成し、実践を行っていってほしい。

　しかし、授業において評価はどのようにしていけばよいのだろうか。評価を適切に行うことができるのだろうか、評価に時間はかかるのだろうか、作問内容や解答内容を一つ一つ見ていくことになるのだろうか、これら評価の観点や方法については次項で検討していこう。

（4）作問指導の評価

　評価については心配無用である。観点別学習状況の評価の3観点について評価可能であり、評価にかかる時間は短くて済む（授業時間中に行うことも可能である）。成果物としての、作問された問題や解答した内容が残されており、改めて評価していくことも可能である。

①　評価の観点との関連

　2019年に示された新たな評価の観点として、「知識・技能」「思考・判断・表現」「主体的に学習に取り組む態度」があるが、作問の分類「自己関与としての作問」「探究としての作問」「設計としての作問」それぞれの対応は表1に示しているとおりである。

　今回取り上げた場面解決型問題は「探究としての作問」であり、主な観点は「思考・判断・表現」となっている。場面解決型問題の作問指導段階と評価の観点との関連を表2にまとめる。ただ、それぞれの先生方が授業を行う際の授業展開によっては（学年進行や単元や実施時期によっては）その重点が異なってもよい。例えば、中学1年生初期であれば場面解決型問題のような問題を解くことに重点を置き、ある程度慣れた中期になって問題を作ることに重点を置き、中学2年生になって、採点基準や相互解答、添削を行うといったことも考えられる。また、作問とその完成過程について重点を置いた対話的な指導を重点的に行った場合と、作成された問題を用いてグループごとに発表・質疑を重視した授業とでは、当然評価の観点の重点が違ってくるということありも得るだろう。実際の授業では授業者がよりよい

表2　作問指導段階と評価の観点との関連

授業段階	知識・技能	思考・判断・表現	主体的に学習に取り組む態度
下書き作問段階	◎	○	○
コメント段階	○	○	○
話し合い活動	○	◎	○
推敲・作問清書段階	○	◎	△
相互解答	◎	○	△
採点・フィードバック	◎	○	△

（◎：関連度大　○：中　△：小）

観点を用いていくとよい。

②　評価の実施のポイント

評価において、適正かつ負担感が少ない評価方法が求められている。場面解決型問題の授業例では、そのメリットとして、3時間目の授業中にある程度の評価を行っておくことが可能である点がある。加えて授業後の

表3　問題を評価するためのルーブリック（4点満点）

4	次の3つの観点が含まれた問題となっている。 ① 学習した科学的知識を活用するなど、思考を問う問題となっている。 ② 問題の場面が実社会や実生活の場面となっている。 ③ 複数の解答が得られる問題となっている。ただし、知識の複数再生を問うている場合は、単純再生による従来型の問題と同様に扱う。
3	3つの観点のうち①と②、もしくは①と③を含んだ問題となっている。
2	①もしくは②を含んだ問題となっている。
1	3つの観点全てが当てはまらない。（いわゆる従来型の問題）
0	無回答もしくは理科の問題として不適切である。

※小川博士氏（京都ノートルダム女子大学）と著者による試案

成果物（作成された問題）で、思考力・判断力・表現力等の評価が可能となっている点がある。また、一度ルーブリック（またはそれに準じたもの）を設定しておくことで、成果物を回収後に多くの時間をかけることなく評価を実施していくことが可能となる。表3を見てほしい。これは試案として策定したルーブリックである。1点と2点はおそらく簡単に見分けをつけることができるだろう。2点と3点の差についてボーダーゾーンの見極めが必要ではあるが、そんなに戸惑うことはないことだろう。

いずれにしても、評価に多くの時間をかけることにならないような授業プランとしておくことをお勧めする。

3　小学校での取組例

（1）授業のねらいと構成

小川・平田（2017）をもとに小学校での実践事例を紹介する。授業の構成は2での流れを踏襲して行った（表4）。小学校版作問指導においても、思考力や表現力の育成を目指し、作問を通した思考過程において「学習した科学的知識を再生・活用すること」や「児童自らが実社会・実生活との関連を図ること」をねらいとしている。そのため、中学校版と同様（原題に沿った類題作成的な作問ではなく）、問題において特定の場面を設定し、これまでに学習した科学的知識を活用して解くような作問を導入した。今回の授業では、

表4　小学校版作問授業の流れ（小川・平田（2017）をもとに加筆）

時間	学　習　内　容
1	・これまでの理科の学習内容をもとに、自らが作問することを知る。 ・学習計画を知り、見通しをもつ。 ・自由に作問する。（1回目の作問）
2	・例題をもとに、どのような問題を作成するのかを知る。（作問ガイダンス） ・ワークシートを用いて作問に取り組む。（2回目の作問）
3	・作問の続きを行う。 ・作成した問題について相互交流を行い、必要に応じて問題の修正を行う。
4	・作成した問題を相互に解く。 ・模範解答に基づいて答えを確認する。

子どもたちにとって初めての作問となるため、まずは自由に作問するという時間を設けることとした。その後、例題をもとにした場面解決型問題のガイダンスを行った。また、小学6年生であることから難易度を考慮し、小学校版作問指導では、採点基準の作成は行わないこととした。

（2）作成された問題の実際

①　自由作問の結果

　1時間目の自由作問の時間で作問された167題中159題（約95.2％）が、科学用語を記述させたり、選択肢の中から一つ選んで答えさせたりするような単純な知識を求める問題であった。理由や現象の説明を求める問題は8題（約4.8％）であり、そのうち、実社会・実生活との関連が見られた問題は2題のみであった。単純な知識を求める問題が多かったのは、作問のしやすさも考えられるが、学校教育の中でこれまで受けてきたテスト形式のバイアスもかかっている可能性が指摘できる。

②　作問ガイダンス後の作問

　2、3時間目を通して作成された問題は、実社会・実生活との関連が見られ、学習したことを活用して説明させるような問題は、25題（約43.1％）確認された。1時間目の自由作問と比べると割合が大幅に増加した。例えば、図5の作問事例は「燃焼の仕組み」を題材としている。この問題では、バーベキューという子どもにとって馴染みのある場面を設定している。また、うまく焼けない理由を、「燃焼の仕組み」で学習したことを活用して答えさせる問題となっている。

図5　作問事例
（小川・平田（2017）より）

③　学習効果の分析

　作問指導の授業では、児童自らが学習内容を実社会・実生活と関連させ、活用したということを理科の問題作成という形で表現した結果がうかがえた。小学校理科において作問

を取り入れることは思考力や表現力の育成という点において意義を有することが確認された。

　一方で、単純な知識を求める問題が４割程度であった。はじめの自由作問と比べると大幅に少なくなったものの、高い割合で作問されていることがわかった。小学６年生の授業では、場面解決型問題の例題提示も含めてより丁寧な指導が必要である。本授業では、作問中に児童同士の相互評価の場面を取り入れ、適宜修正可能としたが、教師からの介入は、あえて積極的に行っていなかった。単純な知識を求める問題作成を減らし、実社会・実生活と関連のある、活用して説明させるような問題作成を促すために、教師が積極的な介入者として、学級全体や個別に必要な支援を行っていくことも必要である。

4　他教科での取組例

　作問を取り扱った論文は91編（CiNii、J-STAGE、Google Scholarで調査）との報告がある（竹中・室田、2018）。これらの報告のほとんどが算数・数学に関するものであり、大学の授業等を除くと、理科（５編）と国語科（１編）での実践が確認された。

（1）算数・数学科における例

　算数では検定教科書にも作問の課題が掲載されているほど作問指導が授業に取り入れられている。その内容は原題をもとに、学習者が様々なバリエーションの問題を作成し、作成した問題の発表交流を行い、その後、いくつかの問題について、学習者が解答を行うという手法をとっている。これらに加えてテクノロジーを利用した、作問支援ツールを用いたものや、既存の問題集にある文章題をもとに、新たな問題のバリエーションを作り出していくものなどの報告がある。詳しくは平嶋（2019）や竹中・室田（2018）を参照するとよい。

（2）国語科における例

　竹中・室田（2018）には取り上げられていなかったが、八田（2015）が検討した渡邉久暢の取組を紹介する。高次の「読みの理解」を保証する「発問」・「問い」の特徴を用いて、高等学校国語の授業実践を行っている。授業では生徒たちが自ら「問い」を立てることを行っている。ここでは「（語り手による登場人物の生き方に対する評価・価値判断を）問う」ことから「仮説を立てること」→「仮説を実行する（複数の出来事を脈絡付けることで、語り手による登場人物の心情変化のストーリーを把握する）」→「異なる視角を求める（異な

る語り手の視角からのストーリーを構築する）」→「自己を認識する」→「問う」という活動を円環していく。これら一連の流れの中で、「問い」から仮説としての読みを立ち上げ、新たな視角をもって問い直している。おそらく生徒たちは、それぞれの読みについて議論を交わしているはずである。これらの議論を通して生徒相互の読みが更新されていることからも、深い学びを実現していると考えることができる。

（3）社会科における例

　ある授業を、ジグソー法を用いた作問指導として紹介する。

　日露戦争前の世界情勢について、6人組の一人ずつに日本、ロシア、イギリス、アメリカ、中国（清国）、トルコ各国の国政の立場から見た自国に有利になるような政策・方策について考えさせ、その内容について問題を作らせる。授業開始後、それぞれの国担当ごとに集まりエキスパート活動を行う。そこで、自国の政策理由の根拠に関する問題を作る。その後、6か国単位のもとの6人組へ戻りそれぞれの問題を出し合い、残る5人が解答を述べ合い、当時の国際情勢の理解を深めるという内容である。

☞ point

　実際に授業を行うことはそんなに難しいことではない。読者の皆さんがぜひご自身の教科・単元で作問指導を実施していってほしい。

　中学校で実施する場合、学年進行による発達段階の差を考慮してみるのもよい。その際、中学1年生の場合には作問をいきなり行うことをせずに、場面解決型のような問題にまずは慣らしていく取組が必要であろう。そのためには、中学3年生が作った中学1年生単元の問題を、対象となる中学1年生に取り組んでもらうのがよい。なぜならば、自分たちのたった二つ上の先輩が作った問題であるとの親近感から問題にとりかかりやすい。そして1年後2年後には、自分たちも先輩と同じような問題を作るということが一つのロールモデルとなる。これらのことは従来の学校教育において、体育大会や合唱コンクール、文化祭などにおいて上級生の取組を自分たちの憧れ、到達目標として捉えてきたことと同じことだと言える。

　小学校であれば、5年生6年生での連続した取組がよいだろう。（およその小学校であれば5年生から6年生にかけては担任が持ち上がる比率が比較的高いため）中学のときと同じく6年生が作った問題を5年生にまずは解かせることから行うとよいだろう。問題に慣れた5年生は自ら作問するということにつながっていく。6年生になると単元を俯瞰した形で問題を作ることができるようになっていることだろう。

　しかし、最初の例題だけは教員が用意する必要がある。

作問の実践

　「主体的・対話的で深い学びを実現するための単元指導計画を例示し、特に思考力・判断力・表現力等を育む授業指導案を提案しなさい。その際には、パフォーマンス課題や評価を取り入れたものとすること。次に、提案授業後に表出する、『深い学び』が起こった子どもの姿、『深い学び』が生じていると考えられる子どものサイン（兆候）などの特徴について述べよ」という問題ではすでに読者の皆さんは満足しないだろう。この問題に対して読者の皆さんはどのように改善していくか第1～8章を熟読し、よりよい問題を提案してほしい。そのときには模範解答と採点基準はどのような内容となるだろうか。

　最後に、ここまでの学びを活かして、読者の皆さんの担当教科や得意教科の一番好きな・自信のある単元や題材をもとに、（例題を）「作問」してみてほしい。

●参考文献

八田幸恵『教室における読みのカリキュラム設計』日本標準、2015年

平嶋宗「『問題を作ることによる学習』の分類と知的支援の方法」教育システム情報学会『教育システム情報学会研究報告』20(3)、pp.3-10、2005年

平嶋宗「作問学習に対する知的支援の試みと実践―組み立てとしての作問および診断・フィードバック機能の実現―」日本科学教育学会『科学教育研究』43(2)、2019年、pp.61-73

平田豊誠『子どもが問題をつくり合い答え合う授業―理科における作問指導を通した思考力育成と評価に関する実践的研究―』渓水社、2015年

堀哲夫・西岡加名恵『授業と評価をデザインする　理科』日本標準、2010年、p.175

小川博士・平田豊誠「小学校理科における作問を取り入れた授業に関する研究―児童の「やりがい」「興味」「学習効果感」に焦点を当てて―」京都ノートルダム女子大学『こども教育研究』2、2017年、pp.1-10

竹中真希子・室田一成「作問学習を取り扱った先行研究に関する基礎的研究：先行研究で採用されている作問の方法」大分大学『大分大学教育学部研究紀要』40(1)、2018年、pp.133-148

第 10 章

協同的探究学習における
評価の在り方

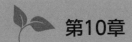

第10章
協同的探究学習における
評価の在り方

福嶋祐貴

　本章では、「主体的・対話的で深い学び」を実現するための授業モデルとして注目を集めている協同的探究学習（Collaborative Inquiry Learning）を取り上げる。協同的探究学習は、藤村宣之氏（東京大学）が提唱したもので、その背景には、氏が長年行ってきた多くの学校との共同研究の蓄積がある。

　協同的探究学習に関する詳しい著作として、藤村氏自身による著書『数学的・科学的リテラシーの心理学』（有斐閣、2012年。以下『リテラシー』と略記する）と編著書『協同的探究学習で育む「わかる学力」』（ミネルヴァ書房、2018年。以下『わかる学力』と略記する）がある。本章ではまずこれらを参照しつつ、協同的探究学習の意義とプロセス、具体的な指導のポイントについて、筆者なりに整理を試みる。その上で、協同的探究学習の成果をどのように評価していくか、特に2019年改訂指導要録の新３観点に即してどのように見取っていくべきかについて考えてみたい。

1　協同的探究学習はどのような学びに有効か

（1）協同的探究学習とはどのような学習形態か

　協同的探究学習では、解決方法が一つに定まらないような問題に対して、自分の考えと他の子どもの考えを結びつけ、関連付けることを通して考え、教科の本質に関わる深い理解を実現することが目指される。そこでの学習は、自分で解法を考える「個別探究」、集団討論によって多様な考えを関連付ける「協同探究」、そして討論を通して深まった理解を別の問題で試す「再度の個別探究」から成り立っている。

　ここでの「協同」は、ペアやグループではなくクラス全体で行われるものを指している。協同的探究学習では、協同の成果が個人に反映されるということが重視される。しか

し、グループやペアでの学習は、教師の手からはある程度独立するものであり、必ずしもその成果が個人に反映されるように展開していくとは限らない。それよりも、クラス全体で問答や討論などを組織していくほうが、クラスでの協同を個人に生かせると考えられる。

　また、協同的探究学習には「協同」の字が当てられているが、いわゆる「協同学習（cooperative learning）」とは様相が異なる。「協同学習」では、学習を助け合い、励まし合い、支え合っていくことに重点が置かれ、学習の質それ自体にはあまり注意が向けられない。これに対して協同的探究学習では、クラス全体で多様な考えを関連付けていくことが強調されることになる。とはいえ、「自分の学びというのが誰か（多くの場合、クラスメイト）の役に立つ。同時に、誰か隣の人や仲間の学びが自分の役にも立っている」（関田一彦「協同学習をどうすすめるか」杉江修治・関田一彦・安永悟・三宅なほみ編著『大学授業を活性化する方法』玉川大学出版部、2004年、p.58）という「協同学習」の意義は、あとで触れるように協同的探究学習にも当てはまる。

　協同的探究学習の「探究」は、多様な方法で取り組むことのできる問題を解決するために、様々な知識を関連付けていくという学習のプロセスを指している。しかもそのプロセスは、個々の子どもが自発的・継続的にたどっていくものである。自ら問いを見つけ、情報を収集・整理・分析してまとめていくという、いわゆる「探究的な学び」とは異なる。

　したがって協同的探究学習は、子どもたちがグループを組んで探究的な学びを行うというような学習形態を指してはいない。むしろそれは、クラスの中で多様なアイデアを出しあい、それらを関連付けながら、教科や単元の本質に迫っていこうとするものである。

　具体的に見てみよう。藤村氏は、算数の単位あたり量の考え方に関わる次のような問題を用いて、学習のプロセスを例示している。すなわち、広さ200㎡の東プールに15人、広さ400㎡の西プールに45人がいるとき、どちらのプールのほうが混んでいるか、またそれはなぜかという問題である。この問題を解くためには、1㎡あたりの人数、あるいは占めることのできる1人あたりの面積を用いて両者の混み具合を比較するという、この単元で新たに身に付けることになる「単位あたり量」の考え方が有効である。しかしそれ以外に、東プールの面積と人数を2倍あるいは3倍することによる倍数操作を用いることでも解くことができる。したがってこの問題は、多様な解法が可能な問題であると言える。

　この問題に対し、子どもたちはまず自分なりの解法でもって「個別探究」に取り組む。ここではいずれかの解法が、それぞれの子どもなりの説明・表現を通して案出されることになる。そうした解法が、「協同探究」の段階においてクラス全体に発表される。その上で、話し合いによって各解法の共通点（「そろえる」操作である、など）や相違点（掛け算か割り算か、など）を明らかにするというように、解法の間の関連付けを試みる。最後に、「再度の個別探究」として、同じく多様な解法が可能であるが、単位あたり量の考え方が便利であるような発展問題に個別に取り組む。具体的には、南公園（広さ500㎡、40人）

と北公園（広さ300㎡、30人）の広さを比べよという問題である[1]。協同探究での話し合いで新たに単位あたり量の考え方を得た子どもたちは、それを自分なりに適用することが求められる。導入時点で既に単位あたり量の考え方をしていた子どもたちも、協同探究を経た意味理解の深まりを反映することが期待される。

（2）「わかる学力」の育成

　協同的探究学習の開発の背景にある問題意識は、「わかる学力」の育成である。これは、「諸事象に対する概念的理解の深まりやそれに関連する思考プロセスの表現、それらを通じた非定型問題（多様な解・解法・解釈などが可能な問題）の解決や探究」によって特徴づけられる（『わかる学力』p.16）。

　社会が変化する中で、専門性が高く、様々な知識やスキルを関連付けて臨む必要がある複雑な仕事や、他者との協同が重要となる仕事が増加している。知識基盤社会と称される社会においては、日進月歩で生み出される新たな知識や技術が重要な役割を果たす。そうした社会に対応できる人間を育てるためには、問いと答えが一対一で対応していたり、解決に必要な知識・スキルが限定的であったりするような問題を中心とし、その解法の体得を目指すような学校教育では十分ではない。それでは事実的・手続き的な知識、個別的なスキルといった「できる学力」は育まれても、「わかる学力」はなかなか高まらない。

　では、「わかる学力」を高めるにはどのような学校教育が求められるのか。藤村氏は、「わかる学力」は次の2段階で形成されると述べている。第一に、多様な解法が可能で教科や単元の本質に関わる問題に対して自分なりに知識を関連付け、その思考のプロセスを表現する段階であり、第二に、そのような問題に対し、諸事象の本質を捉え、知識を関連付けながら概念的理解を深めたり、問題を解決したりする段階である（『わかる学力』p.17）。

　この二つを実現するために考案されたのが協同的探究学習である。つまり、まず個別探究で第一段階を、次に、協同探究と再度の個人探究とで第二段階を達成するのである。

（3）学習意欲、学習観

　協同的探究学習は、子どもたちの学習意欲や学習観に肯定的な影響を与えるものと期待される。正答や特定の知識・スキルの習得が過度に重視され、それ自体がある種の権威を帯びているような授業では、望ましくない回答をするのはよくないことであるとか、表面的な理解であっても正解できればよいとかいった考えを子どもたちが持ってしまうおそれがある。そうなれば、子どもたちが自分なりに回答を考えることや、教科を深く学ぶことに意欲的に取り組もうとする姿はあまり見られなくなってしまうかもしれない。

　また、そうした「できる学力」のみに重点が置かれ続ければ、子どもたちは「暗記・再

生」型の学習観を抱くことになる。藤村氏によればそれは、「正しい解法と答えはただひとつであり、それを暗記し、思い出して書かなければならない」という学習観である（『わかる学力』p.19）。このような学習観を持ってしまうと、「できる学力」は高いが「わかる学力」には課題を抱えるという実態を生むことになってしまうであろう。

「わかる学力」を重視した授業づくりを行うことは、そのような課題を克服することにつながるものと期待される。例えば協同的探究学習では、「暗記・再生」には価値が置かれない。正答は一つであっても、そこに至るための多様な解法が授業の中にどんどん提示されていく。そうして、様々な知識やスキルを動員してそれらを関連付けていくことが期待され、子どもたちは「理解・思考」型の学習観を抱くようになっていく。藤村氏はこれを、「解や解法、またそれらの表現方法は多様である。自分自身の知識や他者が示した新たな情報を活用しながら自由に考えを構成し、そのプロセスを自分のことばや図式で表現して他者と共有することが学習である。そして、そうした知識の構成プロセスを通じて物事の本質を理解することが重要である」（『わかる学力』p.19）という学習観として説明している。「わかる学力」を目指した授業は、このような学習観を醸成し、それがまた子どもたちの学習を支え、「わかる学力」をさらに高めることになっていくと考えられる。

とはいえもちろん、「わかる学力」を重視した授業や学習だけを行うのも一面的である。協同的探究学習において子どもたちは、多様な解法が可能な問題に取り組む中で、既に持っている知識やスキルを自分なりに関連付けることになる。その「既に持っている知識やスキル」には、反復練習によって形成される類の「できる学力」にあたるものも含まれる。先に挙げた算数の問題でも、掛け算・割り算といった初歩的な計算や、㎡という単位の意味などは、もともと「できる学力」として身に付けてきたものである。つまり、「できる学力」の形成が、「わかる学力」を高めるための学習の基礎あるいは前提になっている。

また逆に、「わかる学力」によって形成された「理解・思考」型の学習観は、「できる学力」を高めることにも寄与するものと考えられる。「理解・思考」型の学習観のもとでは、知識やスキルは単に暗記したり再生したりする対象ではなく、自分なりに考えを構成し表現するための有用な存在として捉えられることになる。また、協同的探究学習のように他者との考えの共有を行う学習を通じて、子どもたちにとっての学習の文脈は豊かなものとなる。こうしたことが、「できる学力」としての事実的知識や個別的なスキルの習得を動機づけ、促進していくことにつながっていくのである。

このようにお互いを高め合う「できる学力」と「わかる学力」とを、藤村氏は「学力の両輪」と呼んでいる（『わかる学力』p.18）。重要なのは、「わかる学力」を重視するからといって従来の「できる学力」を形成する授業を軽視すべきではなく、両者の調和を図ることにより、「両輪」の関係にある二つの学力をともに高めていくという実践の方向性が提

示されているということである。

（4）自己肯定感、他者理解

　協同的探究学習には、「わかる学力」を高めるという以上の意義が認められている。それは、多様な解法のいずれにも等しく価値が置かれることによる自己肯定感の高まりと他者理解の促進である。協同的探究学習において取り組まれる学習問題は、その解決に向けて多様な方法でアプローチできるという点に特徴がある。一つ一つの解法やアイデアは、協同探究において、等しく意義のあるものとして捉えられる。

　もし、「協同探究」においてある考えが頭ごなしに否定されたり、他の考えよりも劣っていると断じられたりすれば、その考えを持っていた子どもたちは、自分の考えには価値がないとか、授業において自分が受け入れられないとかいった否定的な感情を持つことになるかもしれない。そのような中では、少なくとも授業や学習に関する自己肯定感が育まれることはないであろう。また、考えが否定される様子を見ている他の子どもたちも、学習において価値のある存在としてその子たちを評価するようにはなりにくい。

　協同的探究学習の「協同探究」では、多様な考えのそれぞれにはどのような特徴や意義、有用性があるのかを議論することになる。どんな解法であれ、教科や単元の本質を目指す協同的な実践にとって何らかの意味を持っていて、等しく価値があるものとして扱われる。そうなれば、どの解法を選んでいたとしても、自分の考え、ひいては自分自身を肯定することができる。つまり、ここにいていい、みんなから認められる、みんなにとって意味があるというような自己肯定感が、学習を通して育まれるというわけである。

　またそれは、他の子どもたちに対する肯定的な理解を抱くことにつながる。仲間たちの考えに触れ、その意味や特徴について考える中で、それぞれのユニークさ、自分に似ているところ、自分が持っていないところに気付くことができる。それは、教科や単元の本質に到達することを目指す実践の共同参加者として、お互いを認め合うことでもある。

　このように、学習プロセスを通じて一人一人の子どもが自他から認められるようになることが、協同的探究学習の「もうひとつの目的」であるとされている（『わかる学力』p.211）。「協同」と「探究」からなる学習そのものを通じて、こうした社会的・非認知的な成果が得られるというところにも、大きな意義がある。

2 協同的探究学習のプロセスとポイント

　協同的探究学習は、課題提示→個別探究→協同探究→再度の個別探究というプロセスで

展開していく。しかし日々の授業のことを思い出してみれば、このプロセス自体には新鮮さがあまりないということに気付くであろう。というのは、このような授業展開は、現在の小学校の授業において広く一般に見られるものだからである。

　典型的な授業においては、まず授業の「導入」として、子どもたちが達成すべき「めあて」や従事すべき「課題」が提示される。次に「展開」として、具体的な学習問題に子どもたちが個別に取り組んだ上で、小グループにおいて各々の考えを交流し合い、その結果をクラス全体で発表する。そうしたクラス全体での学びを、授業の「まとめ」（「終末」とも）において総括したのち、各々が練習問題に取り組んだり、授業についての振り返りを書いたりしていく。こうした授業展開は、現在多くの学校で行われているはずである。

　では、そのような授業が一般的である中で、同様のプロセスで展開する協同的探究学習にはどのような特徴があるのであろうか。あるいは、そうした典型的な授業を協同的探究学習の授業にしていくためには、どのようなポイントに留意すればよいのであろうか。

（1）課題提示

　どのような学習問題を提示するかということは、協同的探究学習の肝である。ここで提示する問題が、多様な方法で解決することのできない（あるいは、しにくい）ものになっていると、「わかる学力」を高めることにはつながらない。むしろそれは「できる学力」に寄与する学習問題として扱われるべきものとなる。また、「わかる学力」が概念的理解を追求するものである以上、その問題を解き、複数の解法を関連付けることによって、教科あるいは単元の本質にアプローチできるということも、前提要件として注意すべきである。

　こうした前提を満たした上で考慮したいのは、問題の複雑さである。言い換えれば、どの子どもも自分なりの考えを持つことができる難易度であるかどうか、あるいは多様な解法を呼び込む部分が問題の中心となっているかどうかということである。

　例えば、先に示したプールの混み具合を比べる問題で、東西のプールの面積があらかじめ示されておらず、子どもたち自身で求積しなければならなかったとしたらどうであろう。子どもたちは、混み具合を比較する前にプールの面積を求めるという段階をクリアしなければならなくなる。すると、面積を求めることができない子どもは、肝心の多様な考えを出す段階には至ることができないかもしれない。「できる学力」が不足していれば、「探究」の土俵にすら立つことができなくなるおそれがあるということである。

　こうした問題を回避するためには、問題解決に必要な知識やスキルが必要最小限にとどまるように、ねらいを明確にし、的を絞ることが重要である。こうした工夫を藤村氏は「できる学力のハードルを下げる」と呼んでいる（『わかる学力』p.42）。

（2）個別探究

　提示した問題に一人一人の子どもが取り組めているかどうかを確認し、重要な考えを特定したり、必要な支援を提供したりするための机間指導は、一般に行われている。協同的探究学習を実践する上でも、そうした配慮は有効であり、奨励される。

　その上で、多様な解法を関連付けられるようにするためには、個々の子どもが自分なりの考えを案出し、自分なりに表現することができるようにすることが重要である。ここでも、例えば言葉だけで説明するように求めたり、整然とした表現を奨励したりすることは、「探究」の中心からはずれることになりかねない。言葉でなくとも、図式や絵など、どんな表現形式でもよいということを認めることで、自分なりの解法を表現するという肝心の作業に集中できるようにしたいところである。

　考えを出し、表現するための時間を十分にとるということも重要である。早く完遂した子どもがいる場合には、よりわかりやすい説明や表現を追求させるのがよい。相手意識を持たせることで、他者への配慮や理解といった側面を高めることにつながる可能性がある。

（3）協同探究

　授業の「展開」部で行われるクラス全体での話し合いは、単に指名された子どもが自分の考えを発表し、その上で教師が望ましい回答に向けて誘導していくというような形式をとることがある。このような形態の話し合いは、「できる学力」として習得すべき解法を明確にする上では有効かもしれないが、「わかる学力」を高めることにはつながりにくい。「わかる学力」を高めるためには、子どもたちから出された考えを関連付け、教科の本質に迫っていけるよう働きかけ、質の高い協同探究を実現することが肝要である。

　働きかけとしては、子どもたちによる解決方法の間の関連付けを促進するようなものが望ましい。関連付けと言うと漠然としているが、概念化・抽象化を図るべく、解法の相違点や共通点を明らかにしたり、そのような解法を導き出すに至った背景や根拠について共通理解を図ったりすることが求められる。得られたアイデアを子どもたちのものとするために、概念を名付けてみる（プールの問題でいう「そろえる」など）ことも有効である。

　また、そうした関連付けを経て、教科・単元に関する本質的・概念的な理解を実現するためには、教材研究を徹底することにより、それに迫るような指導言を講じておくことが不可欠である。クラスが学習集団として成熟していない限り、単に多くの解法を出させて考えさせるだけでは目指すべき「わかる学力」を実現するのは難しい。本質的・概念的な理解を志向する以上、教材研究をもとにした綿密な教師の働きかけが重要となる。

（4）再度の個別探究（展開問題）

　授業の最後には、その時間に扱われた特定の解法や概念を「まとめ」として板書し、それをノートにとったり、練習問題で試したりということが行われる。多くの場合ここで扱われる解法や概念は単一であり、「わかる学力」に寄与するとは限らない。

　また、子どもたちにノートに「振り返り」を書かせることも多い。本来これは、その時間の授業の内容や展開を顧みたり、自分なりに意味付けたりすることを目的としている。しかし実際には、「～がわかってよかった」などといった感想が書かれることがしばしばであり、必ずしも「わかる学力」にとって有意義な営みになっているとは言えない。

　協同的探究学習では、協同探究の成果が個人に反映され、それぞれの理解が深まることが重要となる。そこで、より発展的な問題に対して再度個別探究に取り組むことになる。ここでは、問題を正しく解いたり、早く解いたりすることではなく、協同探究において関連付けられた様々な解法から自分なりによいと思うものを選んで適用したり、協同探究を通して深まった概念的理解を解法に反映させたりすることが重要である。

　したがって、解決を試みる中で必然的に協同探究の成果が生き、教科・単元の本質に関する個々の理解の深まりが反映されるような発展問題を設定する必要がある。授業開始時点でも解決できていたようなレベルの問題ではなく、自ずと自分の知識や理解を組み直すことにつながる問題が求められる。例えば、混み具合を比べる例では、既有の倍数操作による方法では解決しづらい問題が、再度の個別探究の問題として出されていた。

　ここまで、協同的探究学習のプロセスに沿って、実践のポイントや留意点を整理してきた。その中で、「わかる学力」を実現するために、学習問題や指導を焦点化していく必要があることも明らかとなった。このことは、協同的探究学習の授業における教育評価・学習評価を考えるときにも重要な視点である。最後に、2019（平成31）年改訂指導要録のもとで協同的探究学習を評価していくためのポイントについて考察してみたい。

3　3観点に即して協同的探究学習をどのように評価していくか

（1）「わかる学力」に関わる見取り

　2019年改訂指導要録では、観点別学習状況の評価に関して、従来の4観点（「関心・意欲・態度」「思考・判断・表現」「技能」「知識・理解」）が3観点（「知識・技能」「思考・判断・表現」「主体的に学習に取り組む態度」）へと改められた。このうち、「知識・技能」や「思

考・判断・表現」は、表記上大きく変わってはいないものの、例えば「知識・技能」において教科の本質に関わる概念的知識や概念の意味理解も見取る、それらを総合的に活用できる力を「思考・判断・表現」として評価するといった改善が図られている。

　協同的探究学習に関わる評価においては、子どもたちの「わかる学力」がどれだけ高まったかを見取ることになる。「わかる学力」は、教科・単元の本質に迫る概念的理解に関するものであり、新3観点のうち「知識・技能」「思考・判断・表現」に対応していると言える。教科の本質に迫ることができているかどうかを「知識・技能」として、それをどう自分のものとして活用できているかという点を「思考・判断・表現」として、二度にわたる個別探究において作り出された子どもの表現から評価することになるであろう。

　なお、既に触れたように、説明や表現が明快に行えているかという点は、「思考・判断・表現」のうち特に「表現」にあたるものであるとしても、協同的探究学習の本来の目的に照らせば、それ自体を切り取って評価すべきではない。概念的理解に関する明快な説明や表現は、理解が深まった結果到達できる境地として、一体的に捉えることが望ましい。

　協同的探究学習における「思考・判断・表現」の評価は、正答することができているかどうか、望ましい解法を用いているかどうかといった、単純に○×で行えるものではない。むしろそれは、理解の質に関わる評価であると言える。したがってここでは、ルーブリックを利用することが有効な手段となる。ルーブリックは、「成功の度合いを示す数段階程度の尺度と、尺度に示された評点・評語のそれぞれに対応するパフォーマンスの特徴を記した記述語（descriptor）から成る評価基準表」（西岡加名恵『教科と総合に活かすポートフォリオ評価法』図書文化社、2003年、pp.144-145）であり、パフォーマンス課題に対する子どもの作品のような、学習成果の質的な側面を評価するときに用いられる。

　藤村氏の例示に従えば、表1に示されているような水準に照らし合わせて、子どもたちの「わかる学力」の質を見取ることになる。表1は、中学校1年生の社会科地理分野にお

表1　中学校社会科の「わかる学力」を測る課題とルーブリックの例

課題：2008年現在、稼働しているアルミニウム精錬工場は静岡市（旧蒲原町）わずか1か所です。日本のアルミニウム精錬工場が少なくなったのはどうしてだと思いますか。減少した原因について、自分で考えてみましょう。

水準	記述語	具体例
2	適切な要因とその背景に言及している。	「アルミニウムを精錬するのにそれほど高い技術は必要ではなく、人件費の安いアジアの国で生産した方が安くなるので、日本の工場は激減した」
1	適切な要因に着目できている。	「アルミニウムをリサイクルするようになった」 「アルミニウムを輸入した方が安くすむ」
0	関連要因に言及していない。	「精錬工場が別の工場になったから」

出典：『わかる学力』p.200の図11-2及びp.201の表11-2から筆者作成。

ける「わかる学力」を測る課題例と、その評価基準及び作品の具体例をルーブリックの形式にまとめ直したものである。ここでは、地理に関わる包括的なメカニズムの理解といった概念的理解の深まりが捉えられている。

（2）情意（協同性）に関する見取り

　最後に、情意面での評価について述べることで、本章を締めくくりたい。協同的探究学習が「協同」にウェイトが置かれた実践となる以上、教師は、「協同性」などと言うべきものをも評価したくなるかもしれない。協同的探究学習における「協同性」としては、他者との円滑なやりとり、協同探究への参加度合い、他者理解・他者への価値付けなどが含まれるかもしれない。また、協同的探究学習の目的の一翼に自己肯定感や他者理解があるということで、それらが高まっているかどうかを評価したい、あるいは評価すべきだと考えることもあろう。汎用的なスキルや「学びに向かう力・人間性等」の育成が目指される中、こうした情意的なものを評価したくなるのはもっともである。

　しかし、少なくとも協同的探究学習においては、そのような情意面を評価するということに対しては慎重になるべきである。まず、他の子どもと円滑にやりとりを交わしているかどうか、うまく話し合いを進められているかといった、社会的スキルに近い「協同性」はどうであろうか。既に述べたように、協同的探究学習は、小グループやペアではなく、クラス全体で行われるものである。しかもそれは、話し合いをうまく進めることではなく、クラス全体での議論や問答を組織していくことを志向している。そこでは、本質的・概念的な理解に向けた、教師による働きかけが重要な役割を果たすことになる。したがって、社会的スキルのような「協同性」を発揮することは、協同的探究学習の本懐ではない。

　次に、協同探究に参加できているかという意味での「協同性」である。先ほどの「協同性」にも当てはまることであるが、こうした「協同性」を評価する際、えてして表面的な観察に頼りがちである。しかしながら、協同的探究学習では、発言や発表することばかりに価値が置かれるわけではない。発言していなかったとしても、自分の考えと他の考え、あるいは全体で扱われている考え同士がどう関連付けられるかについて、子どもたちが自己内対話を繰り広げていることが期待される（『リテラシー』p.195）。そうなれば、外部からの観察によって「協同性」を評価したとしても、それは評価したいもののごく一部の側面しか捉えられていないという点で、妥当性に欠けると言える。

　最後に、他者理解や他者への価値づけとしての「協同性」はどうか。この場合、他の子どもやその考えに価値を置き、自分の考えに関連付けることができるかどうかが評価されることになるであろう。そうであるとすれば、「再度の個別探究」において、協同探究の成果を生かして理解を深めようとしている姿を見取ることになるが、しかしこれはむしろ「思考・判断・表現」として評価されるべきものである。他の考えに価値を見出し、関連

付けを積極的に行っている姿を、「協同性」として評価すれば、「思考・判断・表現」の評価と重複して、二重に評価することになってしまう。

　以上のように、協同的探究学習がたとえ情意的な目的を掲げているとしても、少なくとも３観点に即して子どもの学びを見取るということを考えるなら、必ずしも学習の情意的な側面を評価すべきではないということになる。個人内評価として見取るならまだしも、これらを直接的に観点に即して評価し、学習改善を図ろうとするならば、他の観点との関係を慎重に吟味し、「思考・判断・表現」と一体的に捉えるという方策をとるべきである。

●注
1　この例はもともと、北プール（広さ320㎡、48人）と南プール（広さ350㎡、56人）という問題で説明されてきた（『リテラシー』p.128など）。

第 11 章

「学習の自己調整」を促す
「個人内評価」

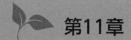

第11章　「学習の自己調整」を促す「個人内評価」

八田幸恵

1　「個人内評価」の理念と実態

（1）「個人内評価」の理念

　「個人内評価」は、評価の規準を子ども一人一人に置き、その子を継続的・全面的に、そして発達的・内面的に評価することを理念とする。個としての子どもの発達を援助しようとする、教師にとって魅力あふれる評価の立場である。

　少し具体的に定義する際は、「縦断的個人内評価」と「横断的個人内評価」の二つに分けることが多い。前者は、過去のその子の姿と比較することで、その子の進歩の具合を把握することと定義される。後者は、様々な側面において他の子の姿と比較することで、その子の得手不得手や長短所、また持ち味や個性を明らかにすることと定義される[1]。

　ただし、「個人内評価」をこのように定義しただけでは、単に教師が子ども一人一人を理解し受容する程度にとどまってしまい、必ずしも指導と学習の改善や革新につながらない。それでは、指導と学習にいきる「個人内評価」を、いかに具体的に構想すればよいのか。

（2）「個人内評価」の実態

　まず、これまでの「個人内評価」実践の実態を把握しておこう。公的な「個人内評価」は、戦後を通して一貫して、指導要録や通知表の所見欄において行われてきた。田中耕治は、指導要録や通知表の所見欄における「個人内評価」の実態は、本来の理念とは異なって、次のようであったと指摘している。すなわち、各教科の成績評定が「相対評価」で行われていた時代においては、「個人内評価」で行われる所見欄は、救済や懲罰の手段として機能した。つまり、「相対評価」で行われる教科の成績評定がふるわなかった子どもたちに対して、「個人内評価」で行われる所見欄に「がんばり」を記述することで、その子

どもたちを救済する。あるいは逆に、教科の成績評定は良いが「がんばり」が足りない子どもたちに、所見欄の記述で懲罰を与えるということである[2]。

　田中が指摘した上記の事態は、2001（平成13）年改訂指導要録において、教科の成績評定が「相対評価」から「目標に準拠した評価」に転換した後も、次のような形をとって続いてきたと考えることができる。すなわち、各教科の観点別評価の欄のうち「関心・意欲・態度」は、実際には「目標に準拠した評価」ではなく「個人内評価」として実施され、観点「関心・意欲・態度」で「がんばり」を評価することで、救済や懲罰を行うといったように。

　このように、指導要録や通知表の所見欄における「個人内評価」の実態を踏まえると、これまで「個人内評価」は十分にその理念に基づいて実践されてきたとは言いがたい。

（3）自己評価の重要性

　子どもの表面的な「がんばり」を評価するという「個人内評価」の在り方を乗り越えるためには、子どもが自身の内面を評価する自己評価を行う必要があると田中は言う。田中によると、近年、授業後に自己評価表に取り組ませたり、振り返りを書かせたりする実践は増えている。しかしその内実は、事前に教師から示された「めあて」（目標）にどれだけ到達したかや、どれだけ「がんばった」かなどを評価させている場合がほとんどである。また、自己評価の結果を成績評定の一手段にしている場合もある。そうなると、子どもたちは自己評価表もテストとして受け止め、間違いを隠すといった自己防衛が始まると田中は懸念する。

　そこで田中は、自己評価のポイントとして、①自己評価の対象は、情意面だけではなく認知面も重視すべきである。②自己評価という内的評価は、外的評価と結合すべきである。しかし、③自己評価を外的評価の手段にしてはならない、という3点を提示した[3]。

　また、自己評価の第一人者である安彦忠彦は、自己評価が、単に外に表れる自分の活動の過程や結果のみを問題にしている限り、決して直接的に子ども自身の成長を促す保証とはならないと述べる。そして、子ども自身の自己成長を促すためには、活動を行っている自身の在り方の妥当性を永続的に自己吟味する必要があると主張する。そこで安彦は、自己評価の対象を、①自己の行動（行為・態度・感情）ないし遂行、②自己の評価、③行為主体である自己＝自己概念、の三つに拡張した。かみ砕いて言うと、自己の活動の過程や結果を自己評価し、さらに後にその自己評価が妥当だったかを自己評価する、つまり自己のものの見方・考え方をも評価する、そうすることで自己の生き方への自覚を深めさせるということである[4]。

　田中や安彦の所論を踏まえると、自己評価の核心は、紆余曲折の自己の活動の過程と結果を振り返り、自己のものの見方・考え方を頼りにその過程と結果について価値判断し、

さらにはその価値判断を行った当時の自己のものの見方・考え方をも問い直し続けるという、自己の生き方への自覚を深めさせることにあると言える。このような自己評価こそ、個人の発達援助を理念とする「個人内評価」の手段としてふさわしいものであり、また逆に自己評価という手段を欠いて「個人内評価」は成立しないと言える。

2　2019年改訂指導要録と「個人内評価」

（1）「関心・意欲・態度」から「主体的に学習に取り組む態度」へ

　上では、これまで指導要録や通知表の所見欄で行われてきた「個人内評価」は、本来の「個人内評価」の理念とは異なるものであり、本来の理念に沿って実践しようとすると、自己評価が重要な手段となるということを述べた。このことにとって、2019（平成31）年改訂指導要録に具現化した近年の教育評価改革は、まさに追い風となるだろう。

　2019年3月に中央教育審議会初等中等教育分科会教育課程部会から出された「児童生徒の学習評価の在り方について（報告）」（以下、「報告」）において、評価の観点が、従来の「知識・理解」「技能」「思考・判断・表現」「関心・意欲・態度」の4観点から、「知識・技能」「思考・判断・表現」「主体的に学習に取り組む態度」の3観点に変更された。これら3観点は、それぞれ、2017（平成29）年改訂学習指導要領で示された、育成すべき資質・能力の三つの柱である「知識及び技能」「思考力、判断力、表現力等」「学びに向かう力、人間性等」にほぼ対応している。

表1　評価の観点の変更

2010年改訂指導要録 評価の4観点	2019年改訂指導要録 評価の3観点	2017年改訂学習指導要領 資質・能力の三つの柱
知識・理解 技能	知識・技能	知識及び技能
思考・判断・表現 関心・意欲・態度	思考・判断・表現 主体的に学習に取り組む態度	思考力、判断力、表現力等 学びに向かう力、人間性等

　2019年改訂指導要録における3観点の中でも、「主体的に学習に取り組む態度」については注意が必要である。「主体的に学習に取り組む態度」は、従来の「関心・意欲・態度」を変更したものである。その理由は、「報告」では次のように述べられている。すなわち、従来の「関心・意欲・態度」の評価では、挙手の回数やノートの取り方などの形式的な活動を評価するという事態が生じていた。本来ならば、「子供たちが自ら学習の目標を持ち、

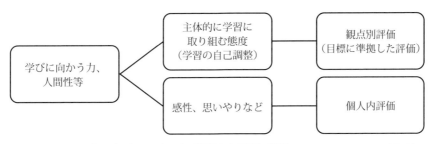

図1　「報告」で提案された「学びに向かう力、人間性等」と評価の関係（「報告」に基づいて筆者作成）

進め方を見直しながら学習を進め、その過程を評価して新たな学習につなげるといった、学習に関する自己調整を行いながら、粘り強く知識・技能を獲得したり思考・判断・表現しようとしたりしているかどうかという、意思的な側面を捉えて評価することが求められる」。そこで、本来の目的を明確化するために、「関心・意欲・態度」を「主体的に学習に取り組む態度」という観点に変更したということである。

　このように、「主体的に学習に取り組む態度」は、外面の表面的な行動でも、あるいは内面奥深くの人格でもなく、「学習に関する自己調整」という内面の知的な能力であるという考えが示されている。したがって、「主体的に学習に取り組む態度」は「学びに向かう力、人間性等」の一部であり、「観点別評価になじむ」部分であると説明されている。そして、「学びに向かう力、人間性等」のうち、「主体的に学習に取り組む態度」ではない部分については、「個人内評価」にゆだねることも示されている。その関係を示したのが図1である。

（2）「主体的に学習に取り組む態度」と「感性、思いやりなど」という二分法

　「報告」において、「主体的に学習に取り組む態度」を説明する際に登場した「学習に関する自己調整」（「自己調整学習」）は、教育心理学や学習科学において研究されてきた内容であり、教師にとって耳慣れない用語であろう。「自己調整学習」とは何か。

　「自己調整学習」の入門書によると、「自己調整学習」とは、かみ砕いて言えば「自らの学習を動機づけ、維持し、効果的に行うプロセス」[5]を指すということである。またその入門書は、「自己調整学習スキル」という表現を用いており、「自己調整学習」を支える能力の一部はスキルとして指導できるという考え方を示している[6]。確かに、1980年代以降の教育心理学や学習科学の進展によって、「学びに向かう力」は、単なる学習者の心構えや人間性ではなく、指導し学習できるスキルとして具体的に特定されるようになっている。「報告」が、「学びに向かう力、人間性等」を「主体的に学習に取り組む態度」と「感性、思いやりなど」に二分し、前者を「観点別評価になじむ」（つまり「目標に準拠した評価」で評価できるし、評定できる）部分であると主張したことは、明らかに、教育心理学や

学習科学の進展を踏まえている。

　しかしながら、「主体的に学習に取り組む態度」はすべての子どもに指導可能なスキルとして「目標に準拠した評価」で評価し、そうではない部分はすべて「感性、思いやりなど」のような極めて個人的な特性として「個人内評価」に任せるということでよいのであろうか。以下では、教育心理学や学習科学的な検討は控えて、我が国の教育改革の道程に照らしつつ、この問いについて考えてみたい。

（3）1989年改訂学習指導要領・1991年改訂指導要録──「新しい学力観」──

　我が国の教育行政文書の中では、「主体的に学習に取り組む態度」や「学習の自己調整」に類する用語が様々に登場してきた。そのような用語が初めて登場したのは、1983（昭和58）年11月に出された、中央教育審議会教育内容等小委員会「審議経過報告」における「自己教育力」であろう。同文書は、変化の激しい今後の我が国社会にあっては、子どもたちに「自己教育力」を育成することが重要になるという。同文書の言う「自己教育力」とは、①学習への意欲、②学習の仕方の習得、そして③これからの激しい社会における生き方の問題にかかわって、自己を生涯にわたって教育し続ける意志を形成することであった。

　一方で同文書は、「自己教育力」を「主体的に変化に対応する能力」とも言い換え、それは具体的には「困難に立ち向かう強い意志、問題の解決に積極的に挑む知的探究心、主体的に目標を設定し必要な知識・情報を選択活用していく能力、自己を抑制し、他者を尊重しつつ、良好な人間関係を築いていくことのできる資質」と説明した。

　この「主体的に変化に対応する能力」については、安彦が、結局は「刻苦勉励し、与えられた眼前の問題解決に専心し、遠い目標ではなく近くの目標のほうに目を向け、そのための知識・情報は自分で集め、効率的に処理し、自己主張せず、人間関係上、手段内部で上手に対応していく人間」であると批判した[7]。換言すれば、社会的要請に応えようと「がんばる」人間であろう。

　このような自己教育力の論じ方に対して、安彦は、社会的要請の面からではなく、もっと個人の発達の面から自己教育を論じる必要があると指摘した。そして、個人の発達の面から自己教育を論じるのであれば、自己評価が非常に重要になると主張した[8]。

　しかしながら、個人の発達ではなく社会的要請の面から能力を論じるという傾向は、1986（昭和61）年10月に出された、教育課程審議会「教育課程の基準の改善に関する基本方向について（中間まとめ）」において、より強く見られるようになった。同文書は、教育改革の方針を、①豊かな心を持ち、たくましく生きる人間の育成、②国民として必要とされる基礎的・基本的な内容の重視と個性を生かす教育の充実、③自ら学ぶ意欲と社会の変化に主体的に対応できる能力の育成、④国際理解を深め、日本の文化と伝統を尊重す

る態度の育成、とした。このうち、③が「自己教育力」を引き継いでいるように見えるものの、「自己教育力」という文言は消え、社会的要請に応じて学習する能力という意味合いが強くなっていると言うことができる。

　この方針に基づいて、1989（平成元）年改訂学習指導要領が作成された。そして、同要領に対応すべく、1991（平成3）年改訂指導要録が作成された。同要録においては、「新しい学力観」「新学力観」と呼ばれる学力観が提示された。それはすなわち、「関心・意欲・態度」や「思考・判断・表現」といった見えない学力が、「知識・理解」や「技能・表現」という見える学力を支えているのであり、支えとなっている見えない学力こそ重要だという考え方である。この小論の冒頭で示した観点「関心・意欲・態度」において「がんばり」を評価するという事態は、同要録実施後に始まったと考えられる。

（4）1998年改訂学習指導要領──「総合的な学習の時間」の四つのねらい──

　しかし、1998（平成10）年改訂学習指導要領においては、風向きが変わった。同要領において新設された「総合的な学習の時間」について、同要領はそのねらいを、①自ら課題を見付け、自ら学び、自ら考え、主体的に判断し、よりよく問題を解決する資質・能力を育てること、②情報の集め方、調べ方、まとめ方、報告や発表・討論の仕方などの学び方やものの考え方を身に付けること、③問題の解決や探究活動に主体的、創造的に取り組む態度を育成すること、④自己の生き方についての自覚を深めること、と整理した。

　2019年現在振り返ってみると、「総合的な学習の時間」のねらいはよく整理されている。最初の①については資質・能力という用語が用いられており、指導可能なスキルであることが示唆されている。また、最後の④については、明確に、個人の発達の側面からねらいを主張したものである。つまり、子どもたちが自ら探究のテーマ（課題）を設定し、そのテーマに即して子どもたちが自己の生き方についての自覚を深めることをねらいにしつつ、個々の課題解決スキルを指導する、そうすることで個人の発達を促していくということが表現されているのである。

　1999（平成11）年に勃発した「学力低下論争」、続いて2004（平成16）年に起こったPISAショックによって、教育改革の課題は「活用する力」「思考力・判断力・表現力」「リテラシー」にいったん焦点化された。そのため20年ほどのブランクがあったものの、「学びに向かう力、人間性等」そしてその部分である「主体的に学習に取り組む態度」は、「総合的な学習の時間」のねらいを引き継ぐものとして、積極的に捉え直したい。

　そのように捉え直すと、次のような提案が可能となる。2019年改訂指導要録の方針を示した「報告」では、「学びに向かう力、人間性等」を、すべての子どもたちに指導可能なスキルである「主体的に学習に取り組む態度」と、極めて個人的な特性である「感性、思いやりなど」に二分し、後者を「個人内評価」の対象とした。しかしながら、「総合的

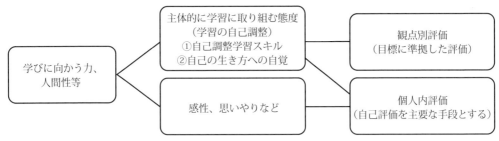

図2　「学びに向かう力、人間性等」と評価の関係〈筆者案〉

な学習の時間」の四つのねらいに示唆されるように、様々なスキルを実行しながら主体的に学習に取り組む過程は、自己の生き方の自覚といった知的な態度に支えられている。自己の生き方の自覚を深めることがなければ、探究すべき課題を自ら設定することなど不可能である。そして、自己の生き方についての自覚の深まりは、まさに個人の発達援助を理念とする個人内評価の対象とすべき事柄である。そうであるならば、「主体的に学習に取り組む態度」の内容は拡張され、「自己調整学習スキル」を超えて、自己の生き方についての自覚までも含むべきである。そうすると、「主体的に学習に取り組む態度」のうち、「自己調整学習スキル」に関しては「観点別評価」で、自己の生き方の自覚については「個人内評価」で評価するという関係が成り立つ。これを表現したのが図2である。ここにおいて、本小論の題目である「『学習の自己調整』を促す『個人内評価』」が必要な理由が明らかになった。

 ## 指導と学習にいきる「個人内評価」の在り方

（1）自己調整学習スキルを実行しながら自己の生き方を模索する子どもの姿

　ここまで確認してきたように、子どもたちが今後の変化の激しい社会を生き抜いていくためには、「自己調整学習スキル」を指導し実行させると同時に、自己評価を通して、自己の生き方の自覚を深めるというレベルにまでわたって「学習の自己調整」を促すことが必要となる。そこで最後に、その具体的な在り方を実践事例に即して素描してみたい。事例として示すのは、福井県立高校の国語科教諭である渡邉久暢が、2012（平成24）年度1学期に福井県立若狭高校1年生に対して行った、国語科現代文「読むこと」の単元「羅生門」である[9]。

　授業者である渡邉は、山元隆春による「読みの方略（reading comprehension strategies）」

研究に学んでいる。「読みの方略」研究の背景には、国語科の「読むこと」という領域における重要な目標を、「学習者を読者としての自覚を備えた自立した存在にしていくこと」[10]に定め、「社会生活の中で、一人で読むための力を子どものものにしていくためにこそ読むことの教育が存在すると言ってよい」[11]という考えがある。また、「読みの方略」研究は、読むという行為を、学習者がテキストに基づいて推論し意味構築を行うという、「自己調整学習」の過程とみなしている。その過程を戦略的・効率的に行うための行動を方略と呼ぶ。方略は、本小論で言う「自己調整学習スキル」に近いものとみなしてよい。「読みの方略」には多様なものが含まれるが、例えば「問いを持つ」「要約する」「矛盾を見つける」などが含まれる。これらの方略を指導することによって、読むという行為を指導し、自立した読み手へと発達させようというわけである。

　「読みの方略」研究の考え方に基づき、渡邉は、単元「羅生門」の目標を「登場人物の心情の推移を表現に即して読み深める」と設定した。そして単元第1時において、基本的な小説の「読みの方略」を生徒に提示した。渡邉が単元「羅生門」で実際に指導した方略は、「取り出し」「解釈」レベルの文学の読みに特化した「読みの方略」であり、「場面（時代・季節・時間帯、場所・様子）を把握する」「登場人物の設定（名前・性別・年齢・職業、現在置かれている状況、ものの見方・考え方）を把握する」「心情語に注目する」「登場人物の心情が反映された心情情景描写に注目する」「登場人物の行動、人格、状況から総合的に判断する」等である。

　これらの方略のうちのいくつかを提示した後、渡邉は、生徒たちに黙読を指示した。しかし、黙読している生徒の反応が薄い。そのうち、教室のあちこちから「言葉が難しくてよくわからない」「昔の話すぎて意味不明」「全然おもしろくない」「なぜ学校で小説を読まなくちゃいけないんですか」といった様々なつぶやきが聞こえてきた。これらの生徒のつぶやきは、「羅生門」を読むという学習が今の自分にとって何の意味があるのかという疑問であり、この疑問を棚上げした状態で「読みの方略」を指導しても身に付かないと、渡邉は判断した。

　そこで渡邉は、単元第1時の授業内容を急遽変更し、「なぜ学校で小説を読むのか」と生徒たちに問いかけ、それに対する自分なりの答えをノートに書くよう指示した。ノートには以下のような多様な考えが記された。

> 正直、小説なんか読まなくても生きていけるし、小説をあんまり読まないので、学ばなくても良い気がする／めんどくさくて、苦手な範囲／テストで良い点を取るため／小説を読むことは、人生を変えるきっかけになるので、良いと思う／人それぞれ考え方は違うと思うから、小説を読んで他の人の思いや考えを学ぶことは、良いことだと

思います／たくさん本を読むきっかけになると思う。いろいろな作者の思いを知ることができるので、いろんな人の感情がわかる／小説の読み方なんて、人それぞれ自由なのだから、そこまで深く学ばなくてもいいと思う。でも、知っていないといけないこともあるから、少しくらいは学ぶべきなのかなと思う／確かに小説の読み方を学ぶと、いろんなことがわかったりすると思いますが、自分の趣味としての読書は自分の親しんできた読み方がいいです。一回読んだだけですべてがわかってしまったら、それはもう純粋に本を読むのを楽しめなくなるから。

渡邉は全員のノートの記述をコピーして整理し、単元第2時の冒頭でクラスに配布し、グループで読み合って交流した。その中で、生徒たちにしばしば言及されたノートがあった。生徒Dのノートである。

私は小さい頃「もののけ姫」を見たとき、あまり内容がわかっていなかった記憶がある。だが今テレビで見ると、人間の美しさと醜さ、自然の大切さがうまく書かれているすごい作品だと感じることができる。これは国語で小説の読み方を習ったおかげだと思う。国語で習っていなかったら、あの感動を味わうことはできなかったと思う。だから私は、学ぶことについては必要なことだと思うし、人生の楽しみを増やすこともできると考えています。（生徒D）

単元第2時の授業の振り返りでは、以下のようなノートを書いた生徒も出てきた。

Dさんの意見は、実際のもののけ姫の例があって、わかりやすかった。学んだからこそわかることができたこともあったと思うし、人生の楽しみを増やせることができると考えているのは良いなと思った。1時間を使ってみんなの小説への考えを知ることができて良かった。自分がなるほどと思ったところや、こんなふうに考えられてすごいなと思う部分がいっぱいあった。

このように、単元第1～2時の学習を通じて生徒たちの中に「本来は、どんな読者になるべきなのか。自分はどんな読者になりたいのか」という問題意識が芽生えた。そこで単元第3時、渡邉は生徒たちに「今後、どんな目標を持って（どんな自分になるために）小説を読んでいこうと思うか」「その目標を達成するためには、どういうことに気をつけて読んでいけばいいか」「自分の記した目標や達成方法を踏まえた上で本文全体を読み直すと、どのようなことを感じ、考えるか」と問いかけ、生徒たちに取り組ませた。その後

は、それぞれが立てた目標に向かって、個別で読む活動を進めつつ要所では読みの成果を交流し、また同時に渡邉が小説の「読みの方略」を指導していった。

　そうする過程で、生徒たちの読みの結果から浮かび上がってきた共通の疑問が、老婆に対する下人の心情が二転三転する点であり、そのように心情を二転三転させる下人の基本的なものの見方・考え方に対する疑問である。そこで渡邉は、単元第6時に「老婆の話を聞き終えた際に、『失望すると同時に、また前の憎悪が、冷ややかな侮蔑と一緒に、心の中へ入ってきた。』のはなぜか。その場の状況、下人のキャラクター、老婆のキャラクターなどから、総合的に判断せよ」というクラス共通の課題を出した。生徒たちは課題に対する自分なりの回答をつくり、授業で相互交流し、クラスメイトの回答に学んで自分の回答を再度つくるといったことを繰り返していった。その過程で、生徒たちは、「読みの理解」方略を使いこなし、読みを深めていった。例えば、表2に示すのは生徒Fのノートである。課題への回答をつくり直すたびに、下人が置かれた状況やキャラクターなど総合的に判断して心情把握ができるようになっていることがわかる。

表2　課題への回答（生徒Fのノート）

1回目	2回目	3回目
死体がごろごろ転がっているような異常な場所で、死体の髪の毛を抜くという異常な行動を取っていた老婆だから、何かすごい奴だと思っていたが、その答えで普通の老婆だとわかったから。	異常な場所で、異常な行動をしている、大きな悪を捕まえたつもりでいたのに、老婆が髪を抜いていた理由が鬘を作るためだったと言われ、その答えがあまりにも平凡だったため、さっきまで感じていた満足感が踏みにじられた気がしたから。	下人は4・5日ほど前に首になり、やる気が起こらなかったが、老婆を見た瞬間老婆を大きな悪だと思い、いつも下につかされていた自分が、この悪を捕まえたらとてもすごいことだと思い、老婆を捕まえ満足感などに浸っていて、何をしていたかと問い、何かすごい悪いことをしていたのだと期待していたのに、ただ髪を抜いて鬘を作っていただけだと知り先ほどまで感じていた満足感などが踏みにじられた気がしたから。

　このような学習を経て単元終末の第11時に、渡邉は再度、「なぜ学校で小説を読むのか」と生徒たちに問いかけ、それに対する自分なりの答えをノートに書くよう指示した。生徒Fは以下のように書いた。

> 小説は、私たちの物事に対する視点や物語を読むことの見方などを変えてくれるし、そのストーリーを読み進め、内容が理解できると楽しくなり、小説を読むときの楽しさを増やすため。

　生徒Fのノートに示されるように、生徒たちは、単元「羅生門」を通して、「読みの方略」を実行しながら自力で読むという経験を通して、小説を読むことや小説の読み方を学ぶことが自分自身にとっていかに意味を持つのかを考えていったのである。

なお、定期テストでは、「羅生門」の本文と、同じ芥川龍之介の作品である『偸盗』の冒頭部分を用いて、「読みの方略」をいかに適切に用いることができるかを客観的な基準に従って評価し、評定の資料としたということである。

（2）自己評価を手段とする「個人内評価」のポイント

上に示した実践事例を踏まえて、最後に、自己評価を手段とする「個人内評価」のポイントを確認しておく。第一に、ありのままをありのままに文章で書くということである。第二に、ありのままになされた自己評価は、あくまで「個人内評価」の一つの形であって、教科の評定には用いないという点である。第三に、ありのままの自己評価は、むしろ授業で積極的に活用するという点である。上記の実践事例では、単元第1時で書かせた「なぜ学校で小説を読むのか」という問いに対する自分なりの回答に基づき、実際にその後の学習を進めていった。そうしてこそ、生徒たちは、「本来は、どんな読者になるべきなのか。自分はどんな読者になりたいのか」と自問自答しながら、学習を進めることができたのである。第四に、なるべき自己やなりたい自己に関する像は、良くも悪くも、教師やクラス（所属する集団）のステレオタイプに大きな影響を受けるため[12]、そのステレオタイプが明示化され対象化される機会を確保するということである。上記の実践事例では、おそらく、優れた読み手でもある授業者の渡邉や、優れた読み手に憧れを持つ生徒がステレオタイプとなったと推測する。ステレオタイプを絶対視しないためにも、それを明示化する必要がある。

●注
1　遠藤貴広「学力をどう評価するか」田中耕治・井ノ口淳三編著『学力を育てる教育学第2版』八千代出版、2008年、及び石井英真「教育評価の立場」西岡加名恵・石井英真・田中耕治編『新しい教育評価入門－人を育てる評価のために』有斐閣、2015年を参照。
2　田中耕治『教育評価』岩波書店、2008年。
3　同上書。
4　安彦忠彦「なぜ自己評価が教育課題になるのか─評価の主体に対する再検討」『現代教育科学』1981年3月号、明治図書出版、及び安彦忠彦『自己評価─「自己教育論」を超えて』図書文化社、1987年。
5　犬塚美輪「まえがき」自己調整学習学会編『自己調整学習─理論と実践の新たな展開へ』北大路書房、2012年。
6　同上書。
7　安彦、上掲書。
8　同上書。
9　以下、渡邉自身の教育実践報告論文に依拠して実践を記述する。詳細については、渡邉久暢「読みに関する理解を育む『問い』の構造─『羅生門』を学習材とした授業実践を通して」『福井大学教育実践研究』37、2012年を参照されたい。
10　山元隆春「読みの『方略』に関する基礎論の検討」『広島大学学校教育学部紀要第1部』16、1994年。
11　同上。また、山元の研究や実践改革の方向性の全体像は、山元隆春『読者反応を核とした「読解力」育成の足場づくり』渓水社、2018年を参照されたい。
12　犬塚、上掲論文。

第 12 章

コミュニケーションとしての
評価

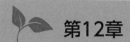

第12章
コミュニケーションとしての評価

遠藤　貴広

　学びを変える新しい学習評価の在り方について、本章では主にコミュニケーションの視点から議論したい。まず第1節で、保護者とのコミュニケーションのツールとして学校教育の中に位置付いている通信連絡簿（一般に「通知表」「通信簿」「通知簿」といった様々な呼び方がなされるが、本章では以下「通知表」と表記）に注目し、学校の教育課程の中での位置付けや指導要録との関係を確認した上で、今後の通知表づくりの在り方を展望する。続く第2節では、学習評価の主体は誰かという点に注目し、学習の主体である子どもたちが評価の主体にもなる実践の在り方を展望する。そして第3節では、新しい学習評価の在り方をめぐる実践上の課題を確認した上で、学校や教室の中で営まれる学習評価の営みが民主主義を支えるコミュニケーションの基盤として重要な役割を果たすことを指摘し、この視点から既存の評価活動の位置付け直しを図りたい。

1　保護者とのコミュニケーション・ツールとしての通知表

（1）学校の教育課程における通知表の位置付け

　通知表は、学校と家庭の往復連絡文書の一つとして、学校での学習と生活の状況を総合的に記載することが慣行となっている。ただ、学校によって名称も様式も多様で、中には通知表の発行自体を行っていない学校もある。通知表の作成・発行に関する法的な根拠がないからである。

　それでも、通知表が子どもたちに与える影響は計り知れない。学期末には子どもも保護者も通知表に記載された評点に一喜一憂し、そして、さらに高い評点を得ようと努力を続ける。一方で、通知表による「格付け」に落胆し、学校に失望する子どもがいることも確かである。通知表でどのような成績つけが行われるかで、子どもたちの学習の仕方も大きく変わる。このため通知表は、子どもたちが経験するカリキュラムに大きな影響を与える

ものとなる。

　実質的に証明機能に重きが置かれている指導要録や調査書（内申書）とは違って、通知表は指導機能に重きが置かれた連絡文書として、子どもの学習と生活の改善に活かすためにどのような様式にしておくかという点が大きな課題となる。通知表の様式は各学校が自由に決められる。そして、通知表の様式に、その学校の評価観・学力観・子ども観・教育観が反映されるからである。通知表の様式に反映されている評価観・学力観・子ども観・教育観は、教師がデザインして実践するカリキュラム、そして子どもたちが獲得するカリキュラムを大きく規定する。通知表の様式や内容から、その学校のカリキュラムの在り方を問い直すという視点も必要である。

（2）指導要録との関係

　通知表の様式に目を向けると、特に教師の負担軽減のために、指導要録の様式と共通させている学校が多い。2019（平成31）年3月29日に文部科学省初等中等教育局長から出された「小学校、中学校、高等学校及び特別支援学校等における児童生徒の学習評価及び指導要録の改善等について（通知）」（以下「通知」と略記）では、通知表の様式と指導要録の様式を共通させる場合、次のような工夫をすることが考えられている。

・通知表に、学期ごとの学習評価の結果の記録に加え、年度末の評価結果を追記することとすること。
・通知表の文章記述の評価について、指導要録と同様に、学期ごとにではなく年間を通じた学習状況をまとめて記載することとすること。
・指導要録の「指導に関する記録」の様式を、通知表と同様に学年ごとに記録する様式とすること。

　指導要録の「各教科の学習の記録」には、「評定」欄の前に「観点別学習状況」欄がある。2019年の改訂により「観点別学習状況」の評価は「知識・技能」「思考・判断・表現」「主体的に学習に取り組む態度」という三つの観点から分析的に行うものとなり、「評定」と同様に「目標に準拠した評価」が引き続き採用されている。そこで問題となるのが、分析評定としての「観点別学習状況」欄と、総合評定としての「評定」欄との関係である。この点について、指導要録に記載する事項等が示されている「通知」別紙では次のように述べられている。

　評定に当たっては、評定は各教科の学習の状況を総括的に評価するものであり、「(1)　観点別学習状況」において掲げられた観点は、分析的な評価を行うものとして、各教科の評定を行う場合において基本的な要素となるものであることに十分留意す

> る。その際、評定の適切な決定方法等については、各学校において定める。

　ここで理論的に論点となるのが、「評定」を「観点別学習状況」の総和と見るのか、それとも「観点別学習状況」の総和には解消されない固有のものと見るのか、どちらの立場をとるかということである。これは、学力の分析的な要素が積み重なって学力の総合性が生まれると考えるのか、それとも、分析的な要素の積み重ねとは質的に異なるものを学力の総合性に認めるのかという、学力の構造の見方に関わる問題でもある。想定する学力モデルの問題として理論的に整理しておく必要がある。

　もし「評定」を「観点別学習状況」の総和と見るのであれば、通知表では「評定」は示さず、「観点別学習状況」のみにしておくほうが、子どもたちや保護者とのコミュニケーション上は良い。「評定」が示されると、子どもたちや保護者の目は「観点別学習状況」ではなく「評定」のほうに目が行ってしまい、どの側面に学習の課題があり、どの側面から学習を改善していったらいいのかという点に意識が向きにくくなってしまうからである。逆に、もし通知表に「評定」も示すのであれば、分析的な要素の積み重ねとは質的に異なるものを学力の総合性に認め、「評定」を「観点別学習状況」の総和には解消されない固有のものと見る立場から、「観点別学習状況」にはない学力の総合性を確かめる「評定」独自の評価規準・基準を設定し、その規準・基準を子どもたちや保護者と共有しておく必要がある。通知表の様式を指導要録の様式と共通させるのであれば、少なくとも以上のような整理は必要である。

　「通知」では、「評定の適切な決定方法等については、各学校において定める」とされている。これは裏を返せば、上記のような理論的な整理を各学校においてしておく必要があるということである。

（3）通知表づくりの要点

　通知表づくりにあたっては、次のような点に留意することが求められる（田中、2008、pp.180-181；樋口、2015、pp.214-215）。

> ①　通知表は、子ども、保護者など、誰に対するメッセージであるのかを明確にしなければならない。
> ②　通知表は、学校と保護者との数ある連絡手段のあくまで一つ（そのほかは、学級通信や連絡帳、家庭訪問など）である。
> ③　指導要録と通知表にはそれぞれ固有の役割があって、通知表は指導要録の様式に必ずしも準拠する必要はない。学校独自の創意工夫が求められている。
> ④　通知表づくりは、学力像や子ども像について話し合う契機となるという点で、教

師集団による学校づくりの一つの集約点である。

⑤　通知表の教育目標は学年・学期ごとに変わる必要があり、学力項目に関しても吟味・改訂が求められる。

⑥　通知表の生活状況の項目は単なる生活点検ではなく、もっと教科外活動の指導目標との関連性をもたせる必要がある。また、自由記述による教師のまるごとの子ども把握ももっと示されてよい。

　少なくとも以上のような点から既存の通知表の在り方を問い直すことが、学びを変える新しい学習評価に向けた基礎作業となる。

2　学習評価への子どもの参加

（1）学習評価の主体は誰か

　「子ども主体の教育を」ということがよく言われる。ここで、子どもは何の主体なのか。

　学習評価で子ども主体と言えば、まず子どもの自己評価が思い出される。学習の主体が子どもであるなら、それに伴う評価の主体も基本的には子どもでなければならない、ということである。

　しかし、子どもによる自己評価の実施によって、評価行為の主体を子どもにすればそれでいい、というわけにもいかない。というのも、いくら子どもが主体となって評価活動を行ったとしても、その評価の規準が教師によって押し付けられたものであれば、結局、教師によって決められたことを評価させられているだけ、ということになってしまうからである。

　評価の規準は、目標から引き出される。ここでは、目標設定の主体も子どもでなくていいのか、ということが論点となる。

（2）目標設定における「代行」と「参加」

　一般に、学習の目標やその評価規準は、教師によって決められることが多い。このことについては、「代行」という言葉で説明されることがある。すなわち、目標も本来は学習主体である子どもが設定すべきだが、子どもは未熟でそれができないので、専門的な知識を有している教師が代行してやる、という発想である。もちろん、代行である以上、最終的には本来の主体である子どもに移行していくことが求められる。

　この「代行」説は、一見問題なさそうに見える。しかし、日本も批准している「子ども
の権利条約」の理念が理解される中で、次第に「代行」説の問題点が浮き彫りになって
いった。それは、子ども観の相違によるものである。

　「代行」説では、子どもは未熟な存在とされ、子どもができないことは教師が代行する
ことになる。ただし、そこには、「代行」という名のもとに教師がいつまでも目標を占有
し続けてしまう危険が伴う。

　これに対し、「子どもの権利条約」では、子どもを単なる保護の対象とは見ない。大人
と同様、公共社会の構成員としての権利を有する主体として、その存在が認められてい
る。それは、権利実現の過程に子どもが参加することを促すものである。したがって、教
育過程の重要な側面である目標設定においても、子どもの参加を保障する必要が出てくる
（「参加」説）（田中、2002、pp.121-135）。

　とはいえ、発達途上の子どもに参加を強要することは、自己責任の一方的な押し付けに
つながりかねない。そこで、どのような参加が可能か、その子の発達段階等を踏まえて検
討する作業が必要となる。

（3）ポートフォリオ検討会による子ども参加

　教育評価への子ども参加については、ポートフォリオ評価法の提起によって具体的なも
のになったと言われる（西岡、2002）。それは、特にポートフォリオ検討会において顕著
に表れる。

　ポートフォリオ検討会は、ポートフォリオに残されている具体的な作品を素材に、子ど
もが教師とともにそれまでの学習を振り返って、そのときの状態を確認・点検し、その後
の目標設定を行う場である。そこでは、子どもの評価規準と教師の評価規準のすり合わせ
が行われる。

　ポートフォリオ検討会は、その対話の進め方（教師と子どものどちらが主導権をとるか）
の違いから、①教師によって主導されるもの、②教師と子どもが対話する中でその後の展
開を柔軟に考えていくもの、③子どもによって主導されるもの、の三つに分けられる（西
岡、2003）。ただ、対話により作品の評価に子どもの意見が反映されるという点では共通
している。

　例えば、作品の見方についてお互いの矛盾が明らかになった場合、対話によって調整が
図られる。そこで、教師が設定した評価規準については、子どもにきちんと説明すること
が求められる。そして、子どもも納得した上で、次の目標設定が行われる。子どもには、
納得できるまで説明を求める権利を保障する必要がある。

　確かに、子どもにいきなり目標づくりに参加しろ、と言ってできるものではない。しか
し、ポートフォリオ検討会で見られるように、具体的な作品を素材に対話をしていくとい

う形であれば、多くの子どもにとって実現しやすいものとなる。

　ポートフォリオ評価法においては、教育目標や評価規準は子どもと共同しながら創り出す、というのが基本である。評価行為に子どもが参加してくることで、教師による独善的な評価は、全く認められなくなる。子どもが納得できない評価は、直ちに矛盾となってポートフォリオ検討会で指摘されるからである。「評価行為こそ教師の権威を保つ伝家の宝刀」といった悪しき評価観は、もはや過去の遺物である。不適切な目標や評価規準に対しては、子どもをはじめとする評価参加者が堂々と修正を要求していく時代が到来している。

（4）子どもたちとの評価方針の共有

　このような状況の中、2019年1月21日に中央教育審議会初等中等教育分科会教育課程部会から出された「児童生徒の学習評価の在り方について（報告）」（以下「報告」と略記）では、次のようなことも述べられている（p.14）。

評価の方針等の児童生徒との共有について

○　（略）どのような方針によって評価を行うのかを事前に示し、共有しておくことは、評価の妥当性・信頼性を高めるとともに、児童生徒に各教科等において身に付けるべき資質・能力の具体的なイメージをもたせる観点からも不可欠であるとともに児童生徒に自らの学習の見通しをもたせ自己の学習の調整を図るきっかけとなることも期待される。

　　また、児童生徒に評価の結果をフィードバックする際にも、どのような方針によって評価したのかを改めて共有することも重要である。

○　その際、児童生徒の発達の段階にも留意した上で、児童生徒用に学習の見通しとして学習の計画や評価の方針を事前に示すことが考えられる。特に小学校低学年の児童に対しては、学習の「めあて」などのわかり易い言葉で伝えたりするなどの工夫が求められる。

　これを受けて「通知」では、「学習評価の方針を事前に児童生徒と共有する場面を必要に応じて設けることは、学習評価の妥当性や信頼性を高めるとともに、児童生徒自身に学習の見通しをもたせる上で重要であること。その際、児童生徒の発達の段階等を踏まえ、適切な工夫が求められること」とされている。このように、少なくとも学習評価の方針を子どもたちと事前に共有しておくことが、どの教科・校種でも求められている。

民主主義を支えるコミュニケーションの基盤

（1）信頼性確保の土台

　2019年３月の「通知」では、学習評価の円滑な実施に向けた取組について、次の点が最初に強調されている。

> 　各学校においては、教師の勤務負担軽減を図りながら学習評価の妥当性や信頼性が高められるよう、学校全体としての組織的かつ計画的な取組を行うことが重要であること。具体的には、例えば以下の取組が考えられること。
> ・評価規準や評価方法を事前に教師同士で検討し明確化することや評価に関する実践事例を蓄積し共有すること。
> ・評価結果の検討等を通じて評価に関する教師の力量の向上を図ること。
> ・教務主任や研究主任を中心として学年会や教科等部会等の校内組織を活用すること。

　2019年の指導要録の改訂に際し、パフォーマンス評価やポートフォリオ評価に向けた動きも改めて求められているわけだが、このような新たな評価法については実践上の広がりが阻まれているところもある。その最大の要因は、信頼性の確保の難しさである。パフォーマンス評価やポートフォリオ評価には個性的な側面が多くあるため、同じものでも、評価する人によって、あるいは評価する時期によって評価結果が大きく異なってしまうことが多くあり、成績評定や卒業認定、入学者選抜といった高い信頼性を要する場では避けられがちであった。

　例えばルーブリックは、パフォーマンス課題の遂行状況を評価するための基準を公開・共有することで、信頼性を確保するための努力にもなっている。しかし、同じルーブリックを用いて評価しても、評価する人によって評価結果が異なることは多くある。そこで、複数の評価者ないしは複数の評価チームが同じ作品例を評価し、その評定結果を比較・検討しながら、評価基準についての共通理解が図られる。それは評価基準についての解釈の仕方を調整する営みでもあることから、「モデレーション」と呼ばれる。

　このモデレーション活動は、評価能力を高めるための研修として位置付けられることも多い。評価基準について共通理解を図ろうとする中で、評価事例として取り上げられる作品について多様な見方が示され、それが、子どもたちの作品やパフォーマンスを見る目を鍛えることにつながる。こうしてモデレーション活動は、評価の信頼性確保のためだけで

なく、教師の教育的鑑識眼を鍛えるためにも重要な位置を占める。

　例えば、加盟校すべてにパフォーマンス評価の実施を求めているニューヨーク・パフォーマンス・スタンダード・コンソーシアム（NYPSC: New York Performance Standards Consortium）では、教員研修の一環として定期的なモデレーション研究が学校をまたいで行われている。この営みの中で、同コンソーシアム加盟校で実践されているパフォーマンス評価の信頼性が認められるようになり、さらに、州統一テストよりも州の学習スタンダードに対する妥当性が高いことも認められるようになり、州統一テスト受験義務免除に至ったという事例も報告されている（遠藤、2012）。

　一方で、一度モデレーションのような調整が行われたとしても、時間の経過とともに評価基準の解釈の仕方は徐々にずれてくる。そこで、定期的に「原器」となる採点事例を確認し、評価の基準や尺度そのものを補正することも必要となる。それは物理量測定器の較正（目盛補正）作業になぞらえて「キャリブレーション」と呼ばれる。キャリブレーションは、複数の採点者が集まってのモデレーションなしでも取り組めることから、採点者の負担軽減のためにも構想されている（Sadler, 2013）。

（2）判断基準を問い直す学習としてのモデレーション

　2000年以降の教育評価論においては、総括的評価や評定のみを前提とした「学習の評価（assessment of learning）」から、診断的評価や形成的評価を強調した「学習のための評価（assessment for learning）」へ、さらに省察や自己評価やメタ認知を強調した「学習としての評価（assessment as learning）」へと、研究の焦点が拡張しつつある 。パフォーマンス評価やポートフォリオ評価といった「真正の評価」に向けた取組は、それ自体が探究や学習の重要な過程となり、「学習としての評価」に位置付くものである。

　この取組をより確かなものにするために重要になるのが、教育評価への子どもの参加という視点である。学習活動の早い段階でルーブリックが共有される場面に象徴的に見られるように、評価規準・基準は子どもたちと共有されて初めて、学習活動の改善に役立てられる。また、検討会等において、子どもと教師、あるいは子ども同士で評価規準・基準をすり合わせる営みは、学習活動の指針となる評価規準・基準づくりに子どもが関わることを意味する。この積み重ねが、学習活動を持続的に発展させるための手がかりを自分自身で探り続けることを必要とする、生涯学習の基盤となる。社会に出れば、自分の取組について何ができていて何ができていないかを見極めて後の活動の改善につなげるだけでなく、自分が参照する観点や規準・基準自体を自分で創り出したり作り直したりすることも求められるからである。

　民主的な社会の実現に向けては、異質な他者と協働する中で互いの価値判断の基準を問い直す営みが欠かせない。市民一人一人が社会の一員として、あるいは政治の主体として

価値判断の規準・基準を問い直すことを続けないと、個々人の熟慮と異質な他者との知性的な討議によって既存の価値を問い直す感覚が鍛えられず、多数決に依存した意思決定に陥ってしまうからである。前述のモデレーションやキャリブレーションも、信頼性確保の土台として見るだけではなく、自分の行動や判断の拠り所となる基準を多様な視点から問い直し続ける契機としても位置付け直す必要がある。

（3）ルーブリックの位置付け直し

　このような発想をベースにすると、例えば学習活動におけるルーブリックの位置付け方も変わってくる。

　2017（平成29）・2018（平成30）年改訂の学習指導要領において「主体的・対話的で深い学び」が強調される中で、探究学習のウエイトが以前よりも確実に増している。この動きの中で、子どもたちの探究の質の違いを確認するために、ルーブリックが以前にも増してよく使われるようになっている。

　2010（平成22）年以降、特に高等学校の「総合的な学習の時間」等でよく見られるようになったのが、生徒たちの探究学習の成果物を複数の教師が協働で検討することでルーブリックを策定し、そのルーブリックに基づいて探究の質を採点しようとする動きである。以前は、教師が成績つけやプログラムの効果検証のためにこのルーブリックで採点するという形が多かったが、最近は、このルーブリックを生徒が持って、成果発表会などでお互いの探究の質を確認し合い、ルーブリックを通して共有される評価の観点や規準・基準から自身の探究プロセスを振り返り、新たな課題を探るという形をとる学校が確実に増えている。

　ただ、ここで気をつけたいのは、成果発表会の場でルーブリックを用いて他者の探究の成果を採点することが活動の中心に据えられてしまうと、生徒たちはルーブリックに記載されている観点にばかり目が行ってしまい、新たな視点で探究の質を吟味することができにくくなってしまうというジレンマである。そこで、新たな実践の方向性としては、教師作成のルーブリックがあったとしても、そのルーブリックは生徒による自己評価の視点として（教師がいないときに）生徒が使うという形をベースにしておき、成果発表時には一旦ルーブリックを見ずに互いの探究の成果を素直な感覚で批評し合った上で、「これって大事だけどルーブリックにはなかったよね」といった形で、ルーブリックになかった重要な視点を生徒が探り、その新たな視点から既存のルーブリックを修正することを生徒が行うという形が考えられる。

　実践上ここで重要な論点となるのが、教師から押し付けられた規準ではなく、自分たちが見いだし納得した規準で探究を進展させているという感覚を生徒が持てているかという点である。高校卒業後も続く生涯学習を見据えると、これからどのような視点で改善・修

正をしていったらいいのか、その評価の規準は学習者が自分で見いだせるようになっていかないと、変化の激しい社会を生き抜くことが難しくなる。また、本当に価値を置かないといけないのはどこなのか、その判断の規準を他者との協働の中で見いだせるようになっていかないと、民主的な社会は成り立たない。新たな社会を生き抜くために、そして社会をよりよく機能させるために必要となるコミュニケーションの土台として評価活動を位置付け直すことが求められる。

（4）熟議的コミュニケーションとしての評価へ

　学習評価のツールやプロセスを以上のように位置付け直そうと思えば、通常の教室でのコミュニケーション構造にも新たな特質が求められる。それは例えば次のような形で整理される教室・授業の特質である（Dann, 2014, p.163）。

(a)　互いに異なる見方を突き合わし、その異なる見方についての議論を明確にして示すための時間と空間がある。

(b)　他者への寛容さと敬意があり、参加者は他者の議論を傾聴することを学ぶ。

(c)　集団的な意志形成の要素、すなわち、意見の一致（コンセンサス）ないしは少なくとも一時的な同意に達する、あるいは差異に注意を向ける努力がある。

(d)　権威や伝統的な見方も問題として取り上げられることがあり、自分自身の伝統に挑戦する機会がある。

(e)　生徒が教師の統制なしにコミュニケーションし熟議を行う、すなわち、問題を解決したり異なる視点からその問題を浮き彫りにしたりするために生徒間で討議を行う余地がある。（Englund, 2006, p. 512）

　これは、ハーバーマスの『コミュニケイション的行為の理論』等を手がかりに「熟議的コミュニケーション（deliberative communication）」の視点から整理された特質である。それは民主主義を支えるコミュニケーションの基盤を省察的に探究するのに必要となる教室のコミュニケーション構造であるが、「学習のための評価」「学習としての評価」といった新たな学習評価の在り方を実現するためにも求められる教室・授業の特質である。

●引用・参考文献
遠藤貴広「州テスト政策に対抗する草の根の教育評価改革—New York Performance Standards Consortiumを事例に—」北野秋男・吉良直・大桃敏行編『アメリカ教育改革の最前線—頂点への競争』学術出版会、2012年
遠藤貴広「資質・能力の形成を支える評価」細尾萌子・田中耕治編『教育課程・教育評価』ミネルヴァ書房、2018年
田中耕治『指導要録の改訂と学力問題—学力評価論の直面する課題—』三学出版、2002年
田中耕治『教育評価』岩波書店、2008年

デューイ, J.『公衆とその諸問題―現代政治の基礎―』阿部齊訳、筑摩書房、2014年

中内敏夫『「教室」をひらく―新・教育原論―（中内敏夫著作集Ⅰ）』藤原書店、1999年

西岡加名恵「教育評価への子ども参加―ポートフォリオ評価法―」日本教育方法学会編『子ども参加の学校と授業改革（教育方法31）』図書文化社、2002年

西岡加名恵『教科と総合に活かすポートフォリオ評価法―新たな評価基準の創出に向けて―』図書文化社、2003年

二宮衆一「探究学習における教育評価の在り方」日本教育方法学会編『中等教育の課題に教育方法学はどう取り組むか（教育方法48）』図書文化社、2019年

ハーバーマス, J.『コミュニケイション的行為の理論（上・中・下）』河上倫逸ほか訳、未來社、1985-87年

ビースタ, G.『民主主義を学習する―教育・生涯学習・シティズンシップ―』上野正道ほか訳、勁草書房、2014年

樋口とみ子「通知表」西岡加名恵・石井英真・田中耕治編『新しい教育評価入門―人を育てる評価のために』有斐閣、2015年

Dann, R. (2014). Assessment as learning: Blurring the boundaries of assessment and learning for theory, policy and practice. *Assessment in Education: Principles, Policy & Practice, 21* (2), 149-166

Englund, T. (2006). Deliberative communication: a pragmatist proposal. *Journal of Curriculum Studies, 38* (5), pp. 503-520

Sadler, D. R. (2013). Assuring academic achievement: From moderation to calibration. *Assessment in education: Principles, policy & practice, 20* (1), pp. 5-19´

執筆者一覧

●シリーズ編集代表

田 中 耕 治（佛教大学教授／京都大学名誉教授）

●執筆者

石 井 英 真（京都大学大学院教育学研究科准教授）……………………………… 第1章

二 宮 衆 一（和歌山大学准教授）………………………………………………… 第2章

大 下 卓 司（神戸松蔭女子学院大学准教授）………………………………… 第3章

大 貫　 守（愛知県立大学講師）………………………………………………… 第4章

小 山 英 恵（東京学芸大学准教授）……………………………………………… 第5章

安 藤 輝 次（関西大学教授）……………………………………………………… 第6章

西 岡 加 名 恵（京都大学大学院教育学研究科教授）………………………… 第7章

堀　 哲 夫（山梨大学名誉教授）………………………………………………… 第8章

平 田 豊 誠（佛教大学准教授）…………………………………………………… 第9章

福 嶋 祐 貴（盛岡大学助教）……………………………………………………… 第10章

八 田 幸 恵（大阪教育大学准教授）……………………………………………… 第11章

遠 藤 貴 広（福井大学准教授）…………………………………………………… 第12章

（職名は執筆時現在）

●シリーズ編集代表

田中耕治（たなか・こうじ）
1980年京都大学大学院教育学研究科博士後期課程満期退学。大阪経済大学講師、助教授、兵庫教育大学助教授を経て京都大学大学院教授、2017年より佛教大学教授。専門は教育方法学、教育評価論。編著書に『教育評価』（岩波書店）、『教育評価の未来を拓く』『よくわかる教育評価』『戦後日本教育方法論史（上下巻）』（ミネルヴァ書房）など多数。

2019年改訂指導要録対応
シリーズ **学びを変える新しい学習評価**
理論・実践編3　　**評価と授業をつなぐ手法と実践**

令和2年1月1日　　第1刷発行
令和3年12月10日　第6刷発行

編集代表　**田中耕治**

発　行　株式会社**ぎょうせい**

〒136-8575　東京都江東区新木場1-18-11
URL：https://gyosei.jp

フリーコール　0120-953-431

ぎょうせい　お問い合わせ　検索　https://gyosei.jp/inquiry/

〈検印省略〉
印刷　ぎょうせいデジタル株式会社
乱丁・落丁本はお取り替えいたします。
©2020　Printed in Japan　禁無断転載・複製
ISBN978-4-324-10729-4（3100544-01-003）〔略号：学習評価2019（理論3）〕